年齢別の基本レッスンから発表会まで

リトミック百科

石丸 由理

ひかりのくに

はじめに

毎日の保育の中でリトミックをやってみたい
カリキュラムのたて方を知りたい
レッスンの展開方法を知りたい
あそびを発展させる工夫を知りたい
リトミックのピアノの弾き方を知りたい
クラスみんなが参加できる発表会がしたい…

この本は　そんな先生のご希望の全てを
欲張ってまとめてみました
子どもたちと楽しいリトミックを実現させてください

この本の使い方

○毎月のテーマの歌を中心に　3歳児　4歳児　5歳児向けのレッスンの展開例があります
○1つのテーマは　いろいろ展開させて　くりかえしレッスンで使えるようになっています
　　これをヒントに　クラスの子どもたちに合わせて展開させたり　発展させてください
○3学期の教材は　お話をテーマに発表会用に構成してあります
　　1年間のまとめとして　クラス全員が主役の発表会に　チャレンジしてください
○レッスンに必要なピアノの弾き方は　姉妹編の『うごきのための　リトミックピアノ曲集』にまとめてあります
　　イメージに合う曲を　レッスンに使ってください

リトミックを教える先生方へ

楽しいリトミックができるために
いつも覚えていてほしいこと　考えてほしいこと

> ちょっとスリルがあって　何が出てくるかドキドキできるような楽しみ
> 自分で何かを学んだ喜び
> 友達といっしょに　工夫したり　助け合ってできた喜び…

こんな感激を味わえるキーポイントは音楽を聴く耳そして集中力です
子どもが自分から興味を持てるようなレッスン展開の工夫を考えていきましょう

> 何かが　できるようになった喜び
> より上手にできるようになりたい気持ち
> 上手にできるようになったことを　自慢したくなる気持ち

次々に新しい課題をこなすのではなく　1つの課題を上手にくりかえしましょう
しかし同じことのくりかえしは子どもの集中力をなくします
バリエーションを上手に使って　少しずつ違う何かを加えて積み重ねていきましょう

> 音楽の心地よさを感じる喜び
> うれしさや楽しさを　人にも伝えたくなる気持ち
> みんなの気持ちが合う喜び　分かち合う喜び

子どもたちが自分で学んだ気持ちを感じさせるために
子どもからのアイディアや考えを　うまく引き出してレッスンを進めましょう

大きすぎたり　小さすぎたり　速すぎたり　遅すぎたりしない
心地よい感覚を　いつも磨いて　音楽を大切にしてください

リトミック百科 もくじ

はじめに／この本の使い方……………………… 2
リトミックを教える先生方へ…………………… 3

1学期

4月

【テーマ】
はじめまして ………………………………… 6
【今月の目標】
音楽が聞こえたら
すぐからだを動かせるようにしましょう …… 7
3・4・5歳児みんなで遊ぼう！ …………… 8
3歳児クラスのレッスン ………………… 10
4歳児クラスのレッスン ………………… 12
5歳児クラスのレッスン ………………… 14

5月

【テーマ】
音の長さを動いて表現しよう ………………… 16
【今月の目標】
音の長さを感じとって からだで動いてみましょう … 17
3・4・5歳児みんなで遊ぼう！ ………… 18
3歳児クラスのレッスン ………………… 20
4歳児クラスのレッスン ………………… 22
5歳児クラスのレッスン ………………… 24

6月

【テーマ】
音楽の始まりと終わり ………………………… 26
【今月の目標】
音楽の始まりと終わりを 感じとりましょう ……… 27
3・4・5歳児みんなで遊ぼう！ ………… 28
3歳児クラスのレッスン ………………… 30
4歳児クラスのレッスン ………………… 32
5歳児クラスのレッスン ………………… 34

7月

【テーマ】
リズムにのって遊ぼう ………………………… 36
【今月の目標】
音楽のリズムにのって 動く楽しさを経験しましょう … 37
3・4・5歳児みんなで遊ぼう！ ………… 38
3歳児クラスのレッスン ………………… 40
4歳児クラスのレッスン ………………… 42
5歳児クラスのレッスン ………………… 44

8月

【テーマ】
友達と協力して遊ぼう ………………………… 46
【今月の目標】
年齢の違う友達と 助け合って
音楽あそびをしましょう ……………………… 47
3・4・5歳児みんなで遊ぼう！ ………… 48
みんなで遊ぶレッスン展開例 …………… 50

2学期

9月

【テーマ】
友達といっしょにチャレンジしよう ………… 54
【今月の目標】
友達と いっしょに表現することに
チャレンジしましょう ………………………… 55
3・4・5歳児みんなで遊ぼう！ ………… 56
3歳児クラスのレッスン ………………… 58
4歳児クラスのレッスン ………………… 60
5歳児クラスのレッスン ………………… 62

CONTENTS

10月

【テーマ】
工夫したり考えたりする力をつけよう …………… 64

【今月の目標】
自分で考えたり 表現する力をつけましょう ……… 65

3・4・5歳児みんなで遊ぼう! …………… 66
3歳児クラスのレッスン ……………………… 68
4歳児クラスのレッスン ……………………… 70
5歳児クラスのレッスン ……………………… 72

11月

【テーマ】
巧緻性を身につけよう ……………………………… 74

【今月の目標】
道具を上手に使いこなす
巧緻性を身につけよう ……………………………… 75

3・4・5歳児みんなで遊ぼう! …………… 76
3歳児クラスのレッスン ……………………… 78
4歳児クラスのレッスン ……………………… 80
5歳児クラスのレッスン ……………………… 82

12月

【テーマ】
タイミングを身につけよう ………………………… 84

【今月の目標】
音楽に合わせて動く タイミングを身につけよう … 85

3・4・5歳児みんなで遊ぼう! …………… 86
3歳児クラスのレッスン ……………………… 88
4歳児クラスのレッスン ……………………… 90
5歳児クラスのレッスン ……………………… 92

3学期
3歳児クラス　　リトミックを生かした発表会

カレーライス大好き! ……………………… 94
発表会の台本 ………………………………………… 96

3学期
4歳児クラス　　リトミックを生かした発表会

3びきのこぶた ……………………………… 100
発表会の台本 ………………………………………… 104

3学期
5歳児クラス　　リトミックを生かした発表会

おむすびころりん …………………………… 112
発表会の台本 ………………………………………… 116

撮影協力／ユリ・リトミック教室　姫路みのり保育園
表紙　イラスト　レイアウト／梅谷育代
写真／今泉邦良（アイマックス）、長井淳一
楽譜浄書／福田楽譜・編集協力／永井一嘉
編集／安藤憲志、佐藤恭子

4月

1学期

テーマ: はじめまして

新学期が始まって　子どもも先生もちょっとドキドキしながら
いろいろな希望を胸に抱いていることでしょう
同時に　慣れないことや新しいことに対して　不安や心配を抱える子どももいます
先生がクラスをまとめようと焦ってしまうと　かえってまとまりにくくなることがあります
先生と子どもたちが安心してあそべる時間を　音楽でつくっていきましょう
大切なことは　子どもと先生との信頼関係
そして　友達のようすがわかってくることです
だれでもできて　ワクワクしながらあそべるようなリトミックを
考えていきましょう!!

今月の目標

音楽が聞こえたら　すぐからだを動かせるようにしましょう

リトミックの創始者　エミール＝ジャック・ダルクローズは
私たちが音楽に合わせてからだを動かすときに
音を認識する耳と
リズムを感じる全身の神経組織(音を感じてからだを動かそうとする力)の
2つが働くことに気がつきました

♪

それは音を聴く耳を育てることと
音によって動くからだの器官や心を育てることによって
より豊かな感性を育てることができるということでした

♪

リトミックでは　先生が送るメッセージの大部分は音楽です
子どもたちは　メッセージを受けとり　それに反応して動いていきます
音がコミュニケーションの大きな柱になるわけです

♪

音には　大きな音／小さな音／柔らかい音／鋭い音／高い音／低い音‥‥
いろいろありますが
子どもにやり方を押しつけるのではなく
子どもも先生もドキドキしながら興味を持って参加できるような
楽しいレッスンを考えていきましょう

4月 3・4・5歳児 みんなで遊ぼう！

おともだちに なっちゃった
作詞：石丸 由理
作曲：石丸 由理

あさつのあいさつ / おひさまのあさ / さるのあさ / おはよう / こんにちは / こんばんは

みんなげんきに / もっとげんきに / もっとしずかに / おはよう こんにちは / こんばんは / おてとー

おてーてで おともだちに なっちゃった

 **曲のポイント**　伴奏は、重たくならないように、軽いタッチで弾きましょう。

遊び方 円体形：みんなで丸くなって　両手をつなぎます

♪あさの　あいさつ
♪みんな　げんきに
両手をつなぎ　前後に振る

♪おは
♪おは
2回手をたたく

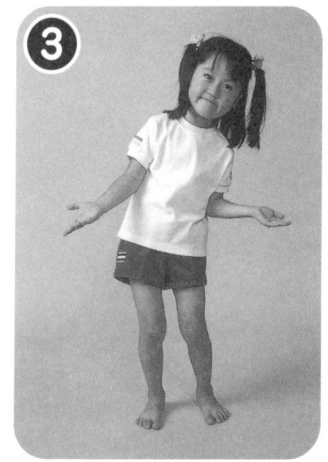

♪よ
♪よ
両手を開く

♪おててと　おててで
円の中に入る

♪おともだちに　なっちゃった
元に戻る

4月 3歳児クラスのレッスン

Lesson 1

先生の指示で　からだのいろいろな部分をさわりましょう

　両手を頭の上　ひざに…
　鼻にさわって　ほっぺたにさわって…
　耳をつかんで　肩をつかんで…

ほっぺー

からだをいろいろ動かしてみましょう

　立って　座って…
　からだを曲げて　伸ばして　ひねって…
　寝ころんで　小さく丸まって‥‥

小さくなって

もっと小さく

ほかにどんなことができるのか　子どもに動いて見せてもらいましょう

Lesson 2

リズムに言葉をつけて　手をたたきながらあいさつをしてみましょう

♪おは　　　　　　　　　　　　　　♪よ
♪こんにち　　　　　　　　　　　　♪は
2回手をたたく　　　　　　　　　　両手を開く

Lesson 3

音楽が聞こえてきたら　好きな所にかけあし
音楽が止まったら　すぐにストップです
歩きで　動物になって　でもやってみましょう

元気にあるく　　　　　　　　　　動物になって

プラスアルファdeより楽しく

音楽が止まっても、子どもたちがすぐに動きを止められない場合は？

①止まる音を、ピアノで弾いてあげる。
②ベル（鈴）など、楽器の音を合図の音にしてあげる。
合図がなくても、音を聴いて止まれるように、練習していきましょう。
〈注意〉合図の音が、必要以上の音量にならないように気をつけましょう。

4月 4歳児クラスのレッスン

Lesson 1

1人1つずつ　ブロックを持って　ハンドルにします
音楽が聞こえてきたら　運転手になって好きな所にかけあし
音楽が止まったら　すぐにストップ

運転手で出発！

ストップ！

後ろを見ながら　バック

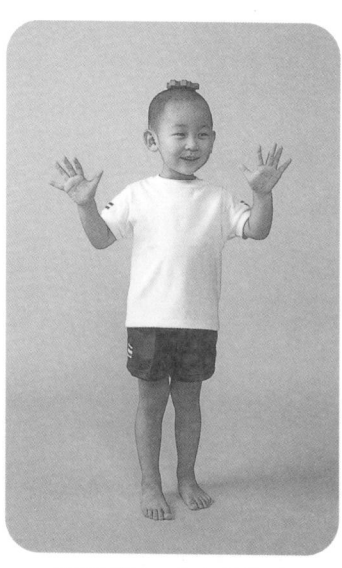

頭にブロックをのせて
ゆっくりあるき

ブロックを足にはさんで　ウサギ

Lesson 2

♩♩♩ のリズムに合わせて　からだのいろいろな部分をさわってみましょう

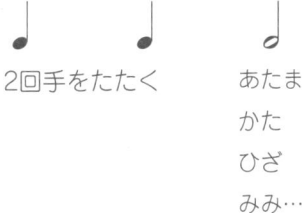

2回手をたたく　　あたま
　　　　　　　　かた
　　　　　　　　ひざ
　　　　　　　　みみ…

はじめは先生がリーダーです　まねっこの練習をしましょう
まねっこができるようになったら　子どものリーダーで練習しましょう
2人組になって　お互いにリーダーになりましょう

2人でまねっこ

プラスアルファdeより楽しく

2人組での活動で、リーダーの考える動作は何回くらいの長さが適当？

多くても4回くらいで交代しましょう。
1つの動作しか思いつかなくてくりかえす場合と、
次々新しい動作を考えていく場合とがあります。
いずれも4回くらいのくりかえしが適当で、あまり長くなると集中できなくなります。
何回も2人の役割を交代して、新しい気分で集中すると、
動きの中にバラエティーが生まれてきます。

4月 5歳児クラスのレッスン

Lesson 1

4分音符のリズムに合わせて　2人組の手合わせを練習しましょう

♩　　　　　　　　　　　　　　　♩

手をたたく

相手と手を合わせる

上手にできるようになったら　新しいリズムでチャレンジしましょう

♩　♩　♩
2回手をたたく　相手と手を合わせる
またはポーズ

プラスアルファ de より楽しく

2分音符の音が流れている間、その長さを動きで表現しましょう。
　　2人で2分音符の手合わせは、両手を合わせた後に動きが止まらないように、
　音の長さ分だけ、両手が空中を旅行します。
　　両手を動かすことで、2分音符の長さを、からだで体験しましょう。

Lesson 2

♩♩♩ のリズムに合わせて　ポーズあそびをしましょう

はじめは先生がリーダーです
リーダーの動きが終わったらまねっこです（カノン）
次の新しい動作の提示が終わるまで　そのままの姿勢で待ちましょう

まねっこができるようになったら　子どものリーダーで練習しましょう
２人組になって　お互いにリーダーになりましょう

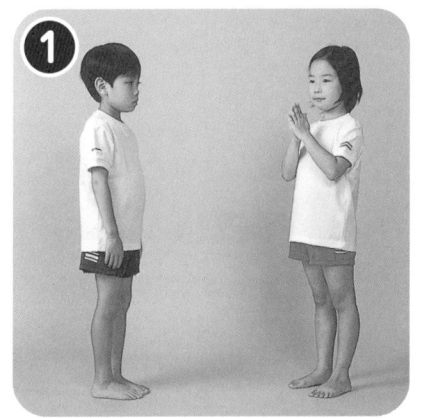

❶ 2回手をたたく

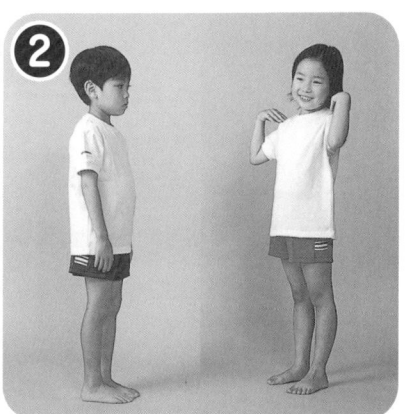

❷ ポーズ①

❸ 2回手をたたく　　2回手をたたく

❹ ポーズ①　　ポーズ②

❺ 2回手をたたく

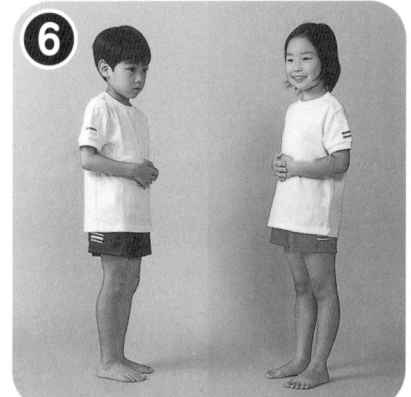

❻ ポーズ②

カノンとは？ 同じ音（または動き）を、決められた時間の後に追いかけて、同じことをくりかえし、再現することです。

ゴールデンウイークが終わると　子どもたちも園の生活に慣れて
お友達の名前やようすがわかって　お互いにルールが生まれてくるころでしょう
季節もさわやかな毎日です
先生のちょっとしたことばがけから
子どもたちは　いろいろな冒険や発見ができます
子どもたちの興味をそそるような
そんなリトミックを　考えていきましょう!!

今月の目標

音の長さを感じとって　からだで動いてみましょう

音は　さわることも　目で見ることもできません
そんな音を　目で見えるようにするために
音の持っている感じを　自分のからだで動いてみる
それがリトミックです

♪

音楽は　空間の中で広がっていきます
音をただ長さで考えるのではなく
どのくらいの速さで　どのように広がっていくのかを
からだで　動いて表現していきましょう

♪

ただ音が存在するだけでは　音楽にはなりません
音楽は　人の心で感じられたとき　はじめて音楽の意味が生まれるのです

♪

音楽は　人間同士が　人種や言葉の違いを越えて
心と心を通わせることができる
世界共通の言葉なのです

5月 3・4・5歳児 みんなで遊ぼう！

ひみつの たからもの
作詞：一樹 和美
作曲：石丸 由理

ひみつのひみつの たからもの
そーっとそーっと ハイ どうぞ
ブルーンブルーン ヘリコプター
もっともっと ブルルンルーン
ブルーンブルーン ヘリコプター
もっともっと ブルルンルーン
いーーち にーーい さーーん ソレー

 のポイント　ピアノの伴奏は、前半はそっとゆっくりめに、後半は元気よく速めに弾きましょう。

遊び方

自由体形：ハンカチ1枚

♪ひみつの ひみつの たからもの
　そーっと そーっと

両手でハンカチを小さく丸めて そっと歩く

♪ハイ どうぞ

近くの人にハンカチを渡す

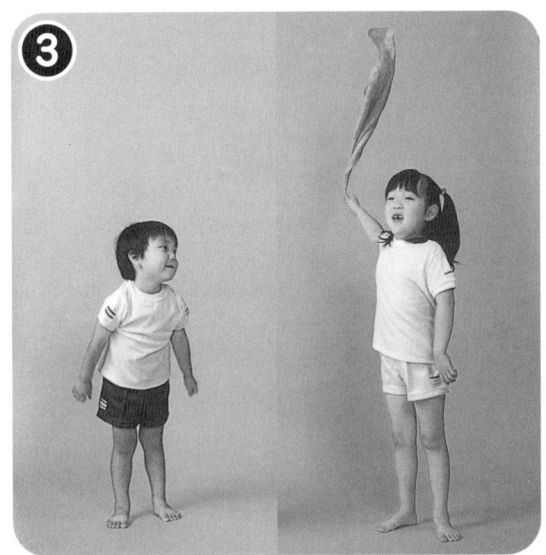

♪ブルーン ブルーン ヘリコプター
　もっと もっと ブルルンルーン
　ブルーン ブルーン ヘリコプター
　もっと もっと ブルルンルーン

ハンカチを大きく振り回す

♪1、2、3、ソレー！

「ソレー」でハンカチを投げ上げて

キャッチ！

5月 3歳児クラスのレッスン

Lesson 1

両足を前に伸ばして座り　両手を左右に広げます
2分音符の音楽に合わせて　左右にゆれてみましょう
いろいろな速さで　動いてみましょう

　中くらいの速さで…
　ゆっくりと　大きくゆれて…
　速めに小さなゆれで…

ぎったん

ばっこん

ほかにどんな方向にゆれることができるか考えて　工夫してみましょう

プラスアルファ de より楽しく

ゆっくりの動きについて

　テンポの遅い動きは、からだのいろいろなコントロールが必要です。
　あまり長い時間になると、子どもが疲れてしまうので、気をつけてください。
　動きの速さによって、動きのスペースが変わってきます。
　不自然な動きにならないように配慮しましょう。

Lesson 2

かけあしの音楽に合わせて　自由に走り回ります
音楽が止まったら　片足でポーズをとって止まりましょう

かけあし

ポーズ！

プラスアルファ de より楽しく

曲の途中で、動きを止めるときのピアノは？

曲の途中で動きを止めます。
はじめは、フレーズの切れるところで止めましょう。
1オクターブ高い所で、和音を弾いてあげるのもよいでしょう。
静止の時間があまり長すぎると、からだに負担がかかりますので気をつけましょう。

5月 4歳児クラスのレッスン

Lesson 1

2人組で　向き合って座ります
音楽が聞こえてきたら　2人で「ぎったんばっこん」です

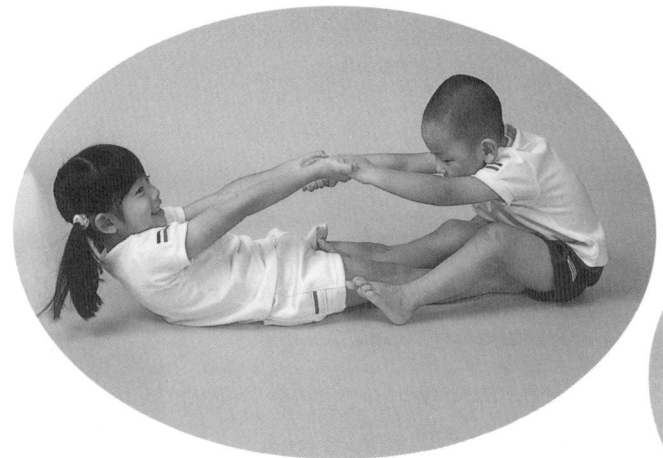
ぎったん

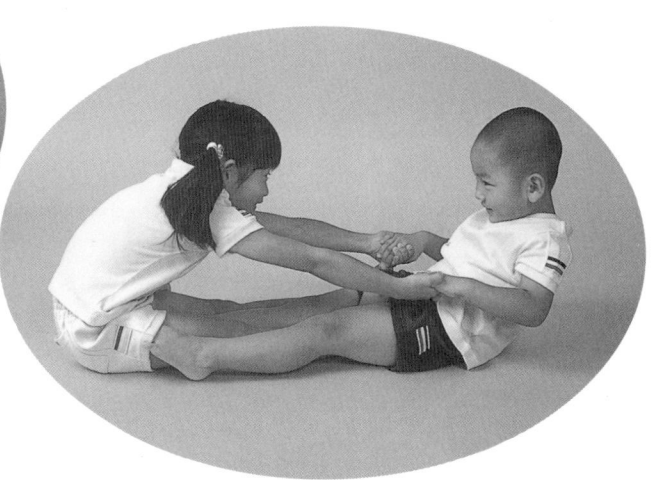
ばっこん

ほかにどんな方向でぎったんばっこんができるか　考えて工夫してみましょう

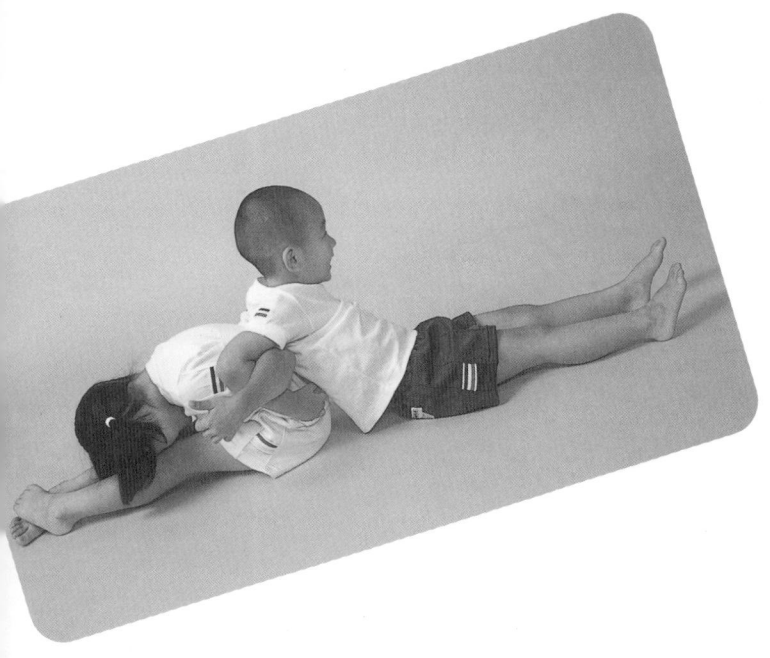

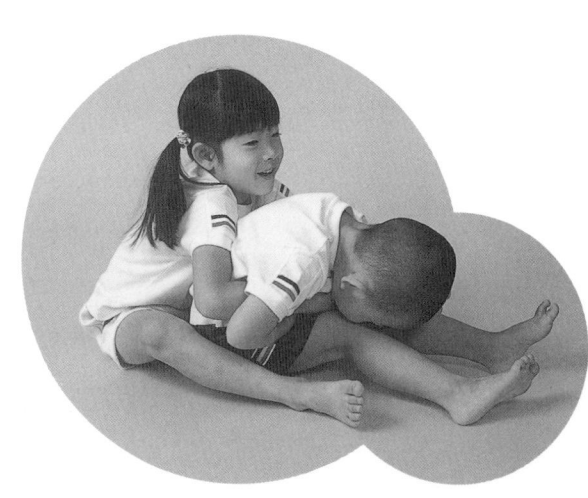

Lesson 2

空き箱をいくつか用意します
宝物を探す人を決めて　探す人が見ていない間に　宝物を箱に入れます
宝物を探す人は　音楽に合わせて教室のあちこちを歩きます
みんなは　探す人が宝物に近づいてきたら　声を出さないで
床をたたいたり　手をたたいたりして近くに宝物があることを知らせます
宝物が見つかったら　次の人に交代です

ここかな？

あー　みんな手をたたいてる

あったー

プラスアルファdeより楽しく

このあそびには、いろいろな要素が含まれています。
- 1人でテンポを保ちながらステップする。
- 言葉を使わないことで、動く人も、音を出す人も、音を集中して聴くことを経験する。
- クラスのみんなが協力して、音を出すために、まわりの音に注意を払い、
  音のだんだん大きく、小さく、を経験する。

あまり長時間になると集中力が続きません。
4回くらいで切り上げて、次回に続きをしましょう。

5月 5歳児クラスのレッスン

Lesson 1

2分音符のリズムに合わせて　2人組で両手をつないでスイングしましょう

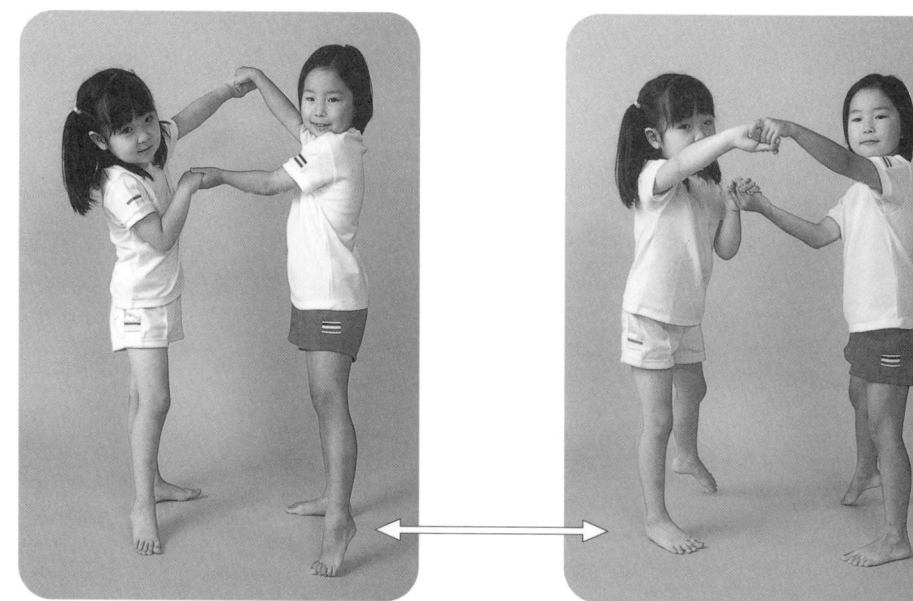

右へ　　　　　　　　左へ

ほかにどんなスイングができるか　考えて工夫してみましょう

おして　　　　　　　ひいて

Lesson 2

いろいろなスイングを経験して　それぞれの動きに番号（または合図の名前）をつけます
先生の合図で　次々にいろいろな動きに変えていきましょう

〈注意〉同じ動きを何回かくりかえしてから　新しい合図をしましょう
　　　　合図をかけるタイミングが遅すぎたり早すぎたりしないように　気をつけましょう

中に

外に

上に

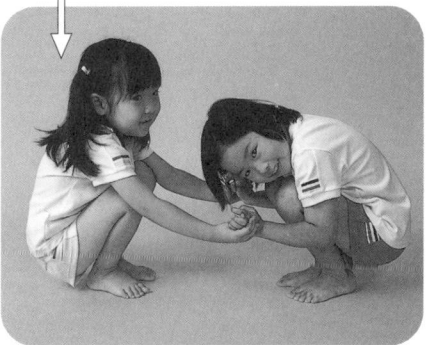
下に

プラスアルファ de より楽しく

　　リトミックでは、動きと合図を結びつけて覚える練習をします。
　　覚えたことは、アトランダムにくりかえすことにより、自由にいろいろな動きを経験できます。
　　同じパターンにならないように、いつも緊張しながら聴いて判断する力をつけましょう。

衣替えの6月
しかし雨が降ると　どうしても室内での活動が主になります
決まったスペースの中であそんでいると
いっしょにあそぶ友達が限定されたり
活発に動く子どもは　室内でも動き回ることでしょう
身のまわりの音を題材にしたり
みんなでいっしょに協力してあそべるような活動から
まわりの人に気を配りながら
自分を表現できて
子どもたちの興味をそそるような
そんなリトミックを　考えていきましょう!!

今月の目標

音楽の始まりと終わりを　感じとりましょう

どんな動きにも　準備が必要です

息を吸って準備して

それから何かが起こります

♪

音楽にも　始まりと終わりがあります

いつ始まるかわからない音楽

でも　いっしょに合わせて始めるためには　何かの合図が必要になります

言葉の合図

音での合図

いずれの場合も　次に出てくる音楽の

速さや雰囲気の一部の要素を持っていることが必要です

♪

子どもたちに必要な音の速さ　強さで音楽が弾けるように

子どものようすをよく見て　判断できるようにしましょう

6月 3・4・5歳児 みんなで遊ぼう！

お茶をのみに きてください　わらべうた

お　ちゃ　を　の　み　に　き　て　く　だ　さ　い　ハ　イ

こ　ん　に　ち　は　　　い　ろ　い　ろ　お　せ　わ　に

な　り　ま　し　た　ハ　イ　さ　よ　う　な　ら

 **のポイント**　メロディーには、3つの音しか出てきません。
音程がとりにくいときは、ハンドサイン（手で音の高さを示すこと）を使って、
音の高さを目で見えるようにしましょう。

遊び方 円体形：みんなで丸くなって　隣の人と少し間をあけて立ちます

① **♪おちゃをのみに　きてください**
1人が円の内側を音楽に合わせて歩く

② **♪ハイ　こんにちは**
1人の前に立ち　おじぎをする

③ **♪いろいろ　おせわになりました**
2人で手をつないでその場で1周する

④ **♪ハイ　さようなら**
はじめに歩いていた人が円に戻り
新しいリーダーが円の内側に入る

はじめに戻り　リーダーが新しくなってくりかえす

6月 3歳児クラスのレッスン

Lesson 1

カエルになって跳んでみましょう

カエルが　ピョンピョン

グリッサンドが聞こえたら　カエルはひっくり返ります

ひっくりカエル

プラスアルファdeより楽しく

グリッサンド

　　イタリア語で「すべるように」の意味で、
　　ピアノの場合は離れた2つの音の間を、つめの先を滑らせるようにして弾きます。
　　演奏するときにあまり力を入れると、音量が大きくなりすぎることがあります。
　　音量にも配慮してください。

Lesson 2

雨が降ったときに使う　カサの絵かき歌です
うたいながらかいてみましょう

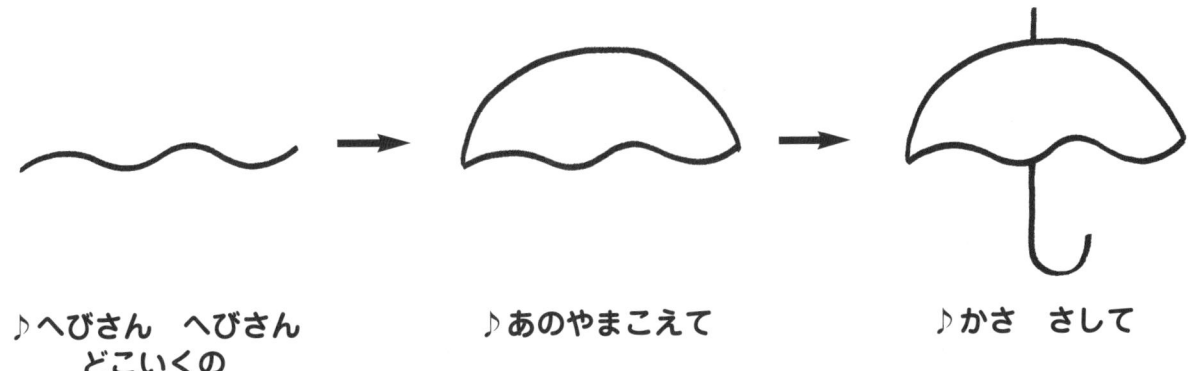

♪へびさん　へびさん　どこいくの

♪あのやまこえて

♪かさ　さして

6月 4歳児クラスのレッスン

Lesson 1

『かえるの合唱』をうたいながら　カエルになって自由に跳びましょう

『かえるの合唱』の替え歌であそびましょう

　　♪こねこのうたが　きこえてくるよ　ニャー　ニャー…
　　♪うさぎのうたが　きこえてくるよ　ピョン　ピョン…
　　♪こぶたのうたが…
　　♪ライオンのうたが…

はじめに歌の歌詞を考えましょう
歌詞が決まったら　どんな動きができるか考えましょう
曲の終わりで　その動物になって　自由に動いてみましょう

ウサギでピョン

かえるの合唱

作詞:岡本 敏明
ドイツ曲

かえるの うたが きこえて くるよ クワッ クワッ

クワッ クワッ ケケケケケケケ クワッ クワッ クワッ

6月 5歳児クラスのレッスン

Lesson 1

タンブリンまたは鈴を１つずつ持ちます
先生の合図で

　音を鳴らす　止める
　だんだん大きく　だんだん小さく…

などを練習します

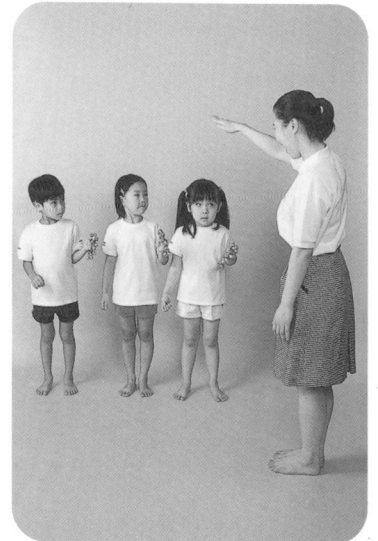
鳴らして

ストップ！

小さく

大きく

Lesson 2

雨の降るようすを　音で表現してみましょう
まず　雨の降りはじめから終わりまでを　どんなようすで表現したらよいか　話し合いましょう

　　どんな雨にするか…
　　はじめはどんなようすか…
　　降りはじめたらどうなるのか…
　　雨がやむときはどんなようすか…

みんながわかるように　雨のようすを表わす　楽譜代わりの絵をかきましょう

7月

テーマ: リズムにのって遊ぼう

ひこぼし
おりひめ

外の日差しも急に強くなり
プールや水あそびが始まり　屋外での活動も活発になります
同時に　体調を崩すと　病気にかかりやすい時期でもあります

規則正しい生活や　正しい生活習慣は
子どものからだの生理的なリズム感を育てます
外からは見えないからだの中のリズムも
大切にしましょう!!

今月の目標

音楽のリズムにのって　動く楽しさを経験しましょう

ダルクローズ(リトミックの創始者)は

人間の心とからだの動きに　大変興味を持っていました

そして　ダルクローズは　人はリズムにのって行動しているときには満足を感じ

何か精神的　または肉体的に不安を感じて　心とからだの統一や調整にかけているときは

リズムに反応できないことを　発見しました

♪

そんな発見から　上手に自分のからだでリズムにのれることが

毎日の生活の中で生かされるに違いないと　考えたのです

♪

からだ中のいろいろな感覚を使って

音楽といっしょに動いて　自分の心とからだがいっしょに合っているという

満足感や充実感を味わえるような

そんなレッスンを　心がけていきましょう

7月 3・4・5歳児 みんなで遊ぼう!

さんかく ぼうし

作詞：一樹 和美
作曲：石丸 由理

曲のポイント 3拍子の曲です。リズムにのってうたいましょう。

遊び方 円体形

❶

♪ほしの　くにの　こびとさん
どんな　ぼうしを　かぶっているの

小人さんの気分で　音楽に合わせて自由にステップ

❷

♪さんかくかく　さんかくかく　さんかくぼうし
　さんかくかく　さんかくかく　かわいいね

空中に　三角をたくさんかく

さん かく
かく

くる
くる　くる

7月 3歳児クラスのレッスン

Lesson 1

フープを人数分床に置く
音楽が聞こえてきたら　フープの外に出てステップ
音楽が止まったら　すぐに近くのフープの中に入ります

かけあし

中に　ピョン！

歩きで　かけあしで　動物になって……など
いろいろな動きであそびましょう

Lesson 2

音楽に合わせて動けるようになったら
いろいろな動物に変身してあそんでみましょう

ゾウさん

いつもみんなが動くのではなく　ほかの人が動くのを見る場面もつくりましょう

　動物の役割で分ける
　男女で分ける
　フープの色で分ける…

いろいろ工夫してみましょう

プラスアルファdeより楽しく

音楽に合わせて動く

音楽に合わせて子どもが動くためには、
子どもの運動に無理のない速さの音楽を弾かなくてはいけません。
また、同じような速さばかりでなく、
速い動き、
ゆっくりの動き、
曲の途中で止めてすぐにフープに入って　など、
音楽がよく聴ける耳になるように配慮しましょう。

7月 4歳児クラスのレッスン

Lesson 1

フープを床に置いて座ります
音楽に合わせて　フープを太鼓にして床をたたきます

たくさんたたく
そっとたたく
リズムでたたく
先生のリズムをまねしてたたく…

床をたたく

いろいろなたたき方を経験したら『さんかくぼうし』の曲に合わせて
3拍子のリズムでたたいてみましょう

両手を合わせる 　　　床をたたく 　　　床をたたく

Lesson 2

引っ越しあそびをしましょう
曲のはじめでフープから出て　最後の「ん」のときにジャンプして自分のフープに入る練習をしましょう

♪こびとさ　ん
ジャンプ　イン

上手にできるようになったら
同じ色のフープの人がお互いの場所を　取り替える練習をしましょう
先生の合図で　指定された色のフープの人が場所を取り替えることもできます

曲の後半の「さんかくかく」からは　フープの太鼓で3拍子をたたきます

プラスアルファ de より楽しく

3拍子のリズム

3拍子のリズムに、なかなかなじめない子どももいます。
また、動きがよくわからないとあきらめてしまって、参加しない子どもが出たりします。
説明のときに、言葉に頼りすぎて、説明ばかりにならないように気をつけましょう。
ピアノは、1拍目を少し強めに弾くように心がけましょう。

7月 5歳児クラスのレッスン

Lesson 1

フープを床に置きます
3拍子のリズムに合わせて　跳んでみましょう（その1）

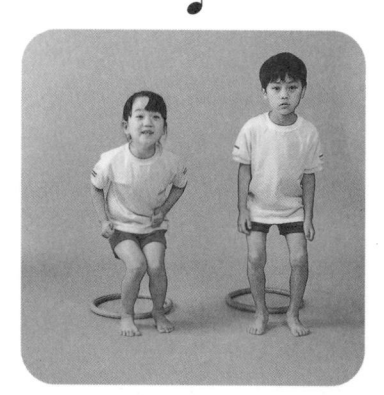

♩　　　　　　　　♩　　　　　　　　♩

ピョンとフープの外に出る　　　手をたたく　　　手をたたく

フープを長く並べて　3拍子のリズムに合わせて順番に跳んでみましょう

ヨーイ！

♩　♩　♩
ピョン！ 手　手

Lesson 2

3拍子のリズムに合わせて　跳んでみましょう（その2）

♩　　　　　　♩　　　　　　♩

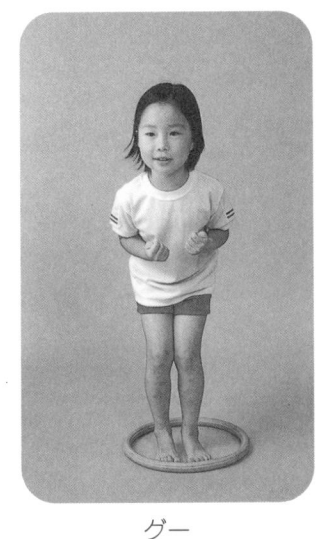

グー 　　　　　　パー 　　　　　　パー

チョキ

グー　チョキ　チョキ…など
ほかの方法でも跳んでみましょう

プラスアルファdeより楽しく

うまくタイミングを取るためには、ひざのばねを上手に使うことです。
動作が遅れがちな子どもには、ひざのクッションを使うことを教えてあげましょう。
運動量の多い動作です。
あまり長時間の運動にならないように、気をつけましょう。

8月

テーマ: 友達と協力して遊ぼう

暑い太陽が照りつけて
お休みの園も多いことでしょう
また　みんなで集まって　年齢の違う子どもたちが
いっしょにあそぶ機会も　あることでしょう

そんな年齢の違う　みんなであそべるような
リトミックの活動を　考えてみましょう!!

今月の目標

年齢の違う友達と　助け合って　音楽あそびをしましょう

クラスでの活動の中で　行動が速い子どももいれば遅い子どももいます

♪

ついつい行動が遅い子どもに　言葉で指示を送りがちですが

しかし言葉の指示をちょっとがまんして

子どもたちのようすをよく見ていると

子どもたち同士で　解決していく場面が　よくあります

♪

特に異年齢の子どもがいると

それぞれ　いつもと違う立場で　子どもの社会ができますので

いろいろな新しい経験の場になることがよくあります

♪

言葉で指示を与えることはすぐにできますが

ちょっとがまんして

子どもたちで解決しながら進む場面も　提供していきましょう

8月 3・4・5歳児 みんなで遊ぼう！

海はともだち
作詞：一樹 和美
作曲：石丸 由理

ちゃぷちゃぷな　み　　ちゃぷちゃぷちゃぷ
ちゃぷちゃぷな　み　　ちゃぷちゃぷちゃぷ

キラキラすなはま　　キラキラキラ　　ニコニコおひさま
すいすいさかなー　　すいすいすい　　ぶくぶくあぶくー

ニコニコニコ　　うみは　ともだち　ザーブン
ぶくぶくぶく　　うみは　ともだち　ザーブン

曲のポイント　スキップのリズムの曲です。楽しい気分でうたいましょう。

遊び方　2つのグループ：かけあいで　あそびましょう

① ♪ちゃぷちゃぷ　なみ　　グループA：波をつくる 
　　♪ちゃぷちゃぷちゃぷ　　グループB：Aのまねっこ

② ♪キラキラ　すなはま　　グループA：キラキラ 
　　♪キラキラキラ　　グループB：Aのまねっこ

③ ♪ニコニコ　おひさま　　グループA：おさかな 
　　♪ニコニコニコ　　グループB：Aのまねっこ

④ ♪うみは　ともだち
全員で丸くなって手をつなぐ

⑤ ♪ザーブン
「ブン」に合わせてジャンプする

8月 みんなで遊ぶレッスン展開例

Lesson 1

絵かき歌で遊びましょう
かにさんが　わらった　　石丸由理・作

♪しかくい　おさら

♪ドーナツ　2つ

♪むこうの　おやまに

♪カラスが　とんだ

♪はなびら

♪つけて

♪かにさんが　わらった

Lesson 2

海を題材にしてあそんでみましょう

２人組で２分音符の音楽に合わせて
ぎったんばっこんのシーソーで　ボートこぎをしましょう

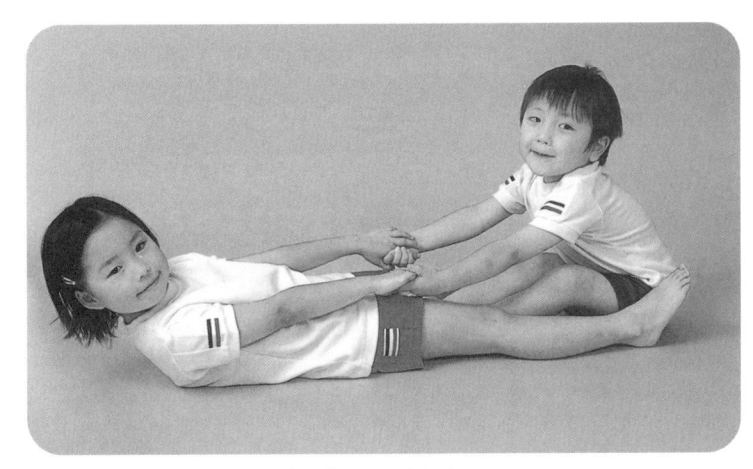

　　　　　　　　　　　　　　よいしょ　よいしょ

１人がおさかな　もう１人はカニの役にします
聞こえてきた音楽に合わせて　カニ（またはおさかな）が動きます
ボートこぎの音楽が聞こえてきたら　すぐに戻ってきてボートこぎです

チョキチョキカニさん

スイスイおさかな

Lesson 3

貝になって　ゴロゴロころがります

ゴロゴロ

上行のグリッサンド（ピアノの左から右に向けてのグリッサンド）で　貝が口をあけます
下行のグリッサンド（ピアノの右から左に向けてのグリッサンド）で　貝が口をとじます

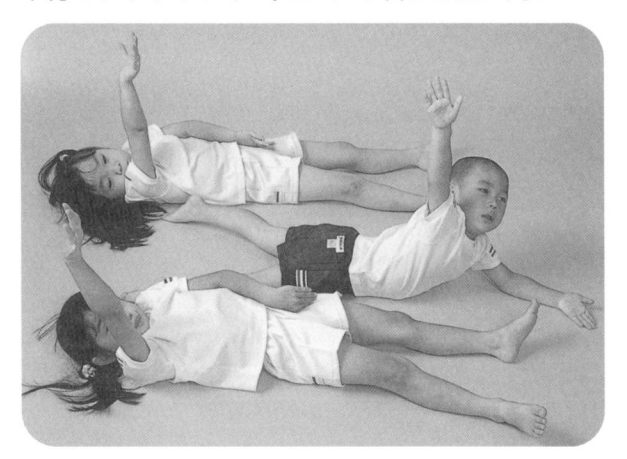

貝がひらいて

貝がとじて

プラスアルファdeより楽しく

リトミックでは、いろいろ経験したことをつなぎ合わせてあそぶことができます。
出てきたいろいろな動きを、子どもたちに合わせて組み合わせてあそんでみましょう。

さかなの曲

作曲：バイエル

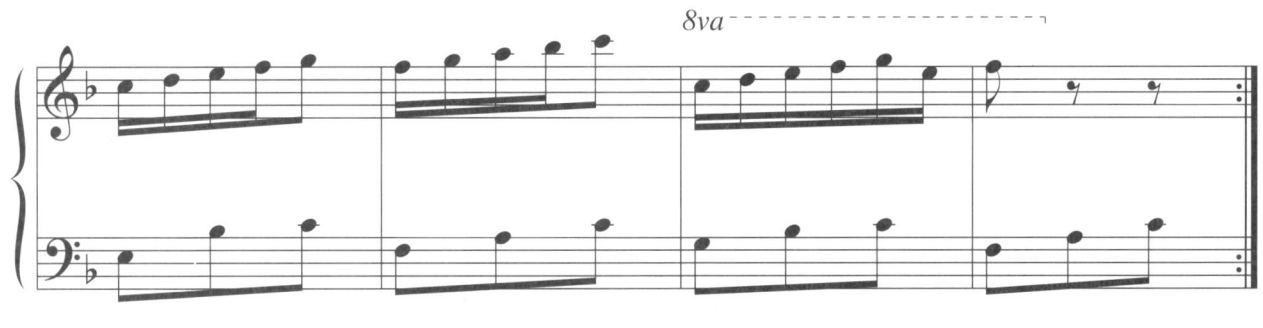

カニの曲

作曲：石丸 由理

9月

2学期

テーマ: 友達といっしょにチャレンジしよう

新学期が始まって
日焼けした子どもたちが園に戻ってきます
夏休みに新しく　いろいろな経験をした子どももいることでしょう
そんな経験を　言葉だけではなく
絵でかいたり　からだで動いたり
保育の中でうまく生かしていきましょう
少しずつ　運動会の準備に入る園もあるでしょう
みんなで協力してつくっていく
そんなリトミックにも　挑戦しましょう!!

今月の目標

友達と　いっしょに表現することに　チャレンジしましょう

レッスンの中で
みんなでいっしょに同じことをする場面
1人で表現する場面
リーダーに従って表現する場面
2人組で　3人組で　少人数で…と
いろいろな組み合わせで、課題にチャレンジする必要があります。

♪

その中で
ほかの人のアイディアに従う力
ほかの人のアイディアから　新しいアイディアを生み出す力
がまんしたり　決断したり　相手を説得する力
自分の考えを表現する力…など
いろいろな力を育てていきましょう

♪

子どもたちの自分でつくる力を育てるために
指導者が必要以上にかかわらないように
気をつけましょう

9月 3・4・5歳児 みんなで遊ぼう！

きょうからともだち
作詞：一樹 和美
作曲：石丸 由理

そら とくもは なかよしだ
のはらと むしも ともだちさ きみと ぼくも
きょうから ともだち なかよし さ イェーイ！

曲のポイント
2小節ずつのフレーズで、息継ぎをします。
曲終わりでは、元気よくポーズを決めましょう。
伴奏は、重たくならないように弾きましょう。

遊び方 円体形：みんなで丸くなって　両手をつなぎます

♪そらとくもは　なかよし　①手をつないで左回り（時計と反対回り）

♪だ　②6つ歩いて7歩目の「だ」でとぶ

♪のはらとむしも　ともだち　③反対回りで6つ歩く

♪さ　④7歩目の「さ」でとぶ

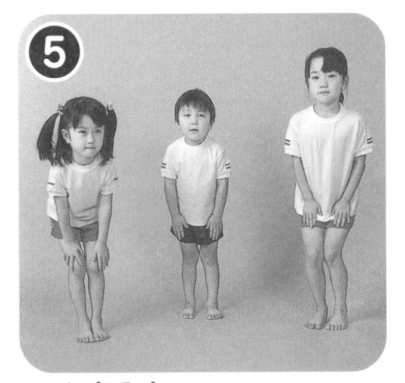

♪きみと　ひざを3つたたく

♪ぼくも　手を3つたたく

♪きょうから　ともだち　隣の人と手を3回合わせる

♪なかよしさ　その場でひと回り

♪イエーイ！　好きなポーズで決まり！

9月 3歳児クラスのレッスン

Lesson 1

4分音符のリズムに合わせて　2人で手合わせをしましょう

♩　　　　　　　　　　　　　♩

自分で手をたたく　　　　　　　　　相手と手を合わせる

かけあしの音楽で走っていて　4分音符の曲が聞こえてきたらすぐに近くの人と手合わせをしましょう

プラスアルファdeより楽しく

友達を見つけることができなくて、1人で立っている子どもがいます。どうしたらよいでしょう？

いくつか解決の方法があります。
3人でもできる活動は、まわりの人に「いっしょにはいってやろう」と
声かけをさせることを促したり、
本人にも「いれて」と自分で言うように、助言してあげます。
また、「〜ちゃんは1人だよ」と先生が教えてあげることもできます。
1人ぼっちの子どもをそのまま見過ごして次に進まないで、
どうしたらいっしょにできるかを言葉で説明してあげましょう。

Lesson 2

4分音符の曲で　2人で手合わせです

低音域4分音符の曲（両手とも1オクターブ低く弾く）が聞こえてきたら
足でグー・パーをしながら（少しテンポを落として弾きましょう）　好きな所に出かけましょう

♩

グー

♩

パー

手合わせと　足のグー・パーを聞き分けて動きましょう

プラスアルファ de より楽しく

動きと音楽を合わせましょう。

つま先の運動、軽い動きは、高音域（ピアノの高い音の部分／右側の方）で
床の上をころがったり、はうの動作は低音域（ピアノの低い音の部分／左側の方）で
演奏すると、心地よいでしょう。
音域を上手に選んで、音楽と動きが合っている感じをつかめるようになりましょう。

9月 4歳児クラスのレッスン

Lesson 1

4分音符の手合わせの曲（中音域の曲）で　2人で手合わせです
4分音符の「ケン・パ」の曲（低音域の曲）が聞こえてきたら　足で「ケン・パ」をしながら
好きな所に出かけましょう

トン

パチン

ケン

パ

手合わせと　足の「ケン・パ」を聞き分けて動きましょう

Lesson 2

♩♩♩ のリズムを使って
4分音符の曲（中音域の曲）で　2人で手合わせです
4分音符の曲(低音域の曲)で　「ケン・ケン・パ」を練習しましょう

♩	♩	♩
トン	トン	パチン

♩	♩	♩
ケン	ケン	パ

手合わせと　足の「ケン・ケン・パ」を聞き分けて動きましょう

9月 5歳児クラスのレッスン

Lesson 1

2分音符のゆれる音楽に合わせて　3人組で気持ちを合わせてゆれましょう

ゆ〜ら 　　　　　　　　　　　　　　ゆ〜ら

4分音符の手合わせの曲が聞こえてきたら　真ん中の人はすぐにしゃがんで
両端の2人が手合わせです

トン 　　　　　　　　　　　　　　パチン

3人で役割を交代してあそびましょう

Lesson 2

かけあしの音楽が聞こえてきたら　真ん中の人は小鳥になって外に出て　好きな所を飛びましょう
2人は両手をつないで　その場にしゃがみます

小鳥が飛んでいます

グリッサンドの合図で　真ん中の小鳥は　今までと違う2人組の中に入ります
中に入る人が交代してあそびましょう

プラスアルファdeより楽しく

あそびながら、組み合わせの人が次々に変わっていきます。
3人で気持ちを合わせて、楽しくあそびましょう。
また、いろいろな人と組むことで、誰とでもいっしょに楽しくあそべるようになりましょう。

10月

テーマ: 工夫したり考えたりする力をつけよう

気候も過ごしやすい毎日になり
運動会や遠足
秋の味覚の収穫　イモ掘り　などと
園の行事も　たくさんあるときです
子どもたちにとっても
クラスのみんなで協力する経験は
1人1人の大きな自立につながります
みんなの前で自分を発表したり
表現力を大きく育てるようなリトミックを
考えていきましょう!!

今月の目標

自分で考えたり　表現する力をつけましょう

自分のアイディアや考えをうまくほかの人に伝えるためには
上手にコミュニケーションを取る必要があります

♪

上手にコミュニケーションを取るためには

♪

自分が伝えたいアイディアを
自分自身が理解していること
上手に伝える手段を持つこと
相手が理解したという確認が取れること　など
いろいろな要素があります

♪

子どもによっては　伝えたい気持ちばかり先走って
空回りする場面があります

♪

どの要素が不足しているのかを
子どもに理解させることで
上手にコミュニケーションが取れるように指導していきましょう

10月 3・4・5歳児 みんなで遊ぼう！

くり くり くり
作詞：石丸 由理
作曲：石丸 由理

（楽譜）

歌詞：
くり どんぐり くりびっくり いがぐりまつぼっ ぐりぐりくりくり くりちいさな くりかわいい どんぐりどんぐり ぐりぐりぐりぐり くりおおきな くりいばった まつぼっまつぼっ くりくり くりくり みんなでさがして あつめまああつめま しょくり くりくり

曲のポイント
いろいろな木の実が出てきます。
子どもたちの知らないものがあったら、説明してあげましょう。

遊び方 自由体形：手さげのかごを持ったつもりで　木の実集めをしましょう

高音域の『くり　くり　くり』の曲が聞こえてきたら
音楽に合わせて　高い所から木の実を取ってかごに入れましょう

低音域の『くり　くり　くり』の曲が聞こえてきたら
音楽に合わせて　地面の木の実を拾ってかごに入れましょう

10月 3歳児クラスのレッスン

Lesson 1

だんだん大きくなって　好きな形の木になりましょう

　両手を上に上げて
　両手を大きく広げて…

音楽に合わせていろいろ動いてみましょう

　風が吹いてきて　ゆらゆら木がゆれます
　大きな風が吹いてきて　大きくゆれます
　嵐が来て　木が倒れます…

いろいろな木

ゆ〜ら　ゆ〜ら

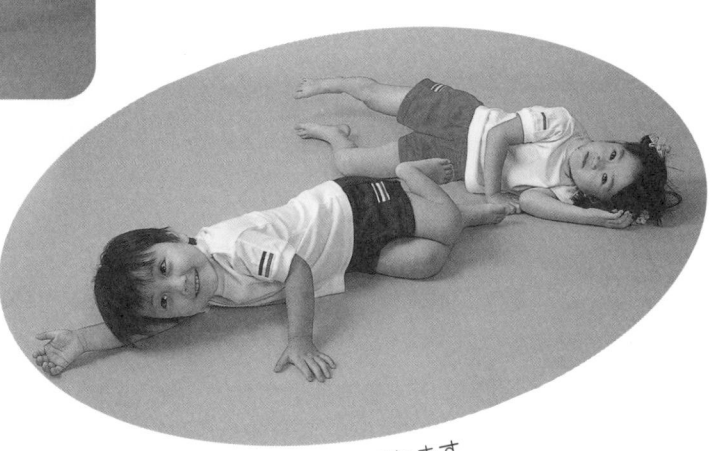

木が倒れます

Lesson 2

みんなでいろいろな木になったら
半分の人は　小鳥になって飛んでいきます
音楽が止まったら　近くの木に止まります
役割を交代しましょう

木のまわりを鳥が飛びます

木に止まります

小鳥の代わりに　いろいろな動物になって　あそんでみましょう

10月 4歳児クラスのレッスン

Lesson 1

2人組で 木になる子どもと 木をころがす子どもになります
木の子どもは床に横になり 低音域のころがす音楽に合わせて
ころがす役目の子どもが木をころがします

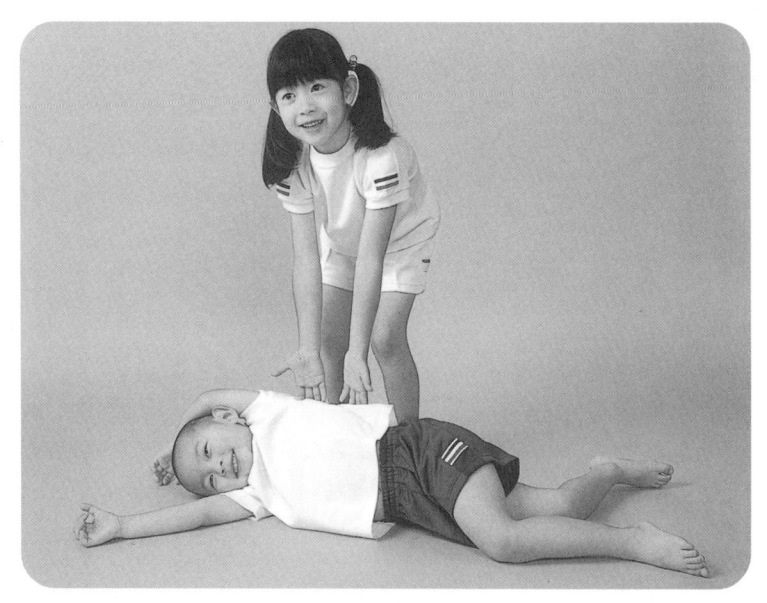

ゴロゴロ

だんだん大きくなる音楽で 木の子どもはだんだん大きな木に変身します
役割を交代しましょう

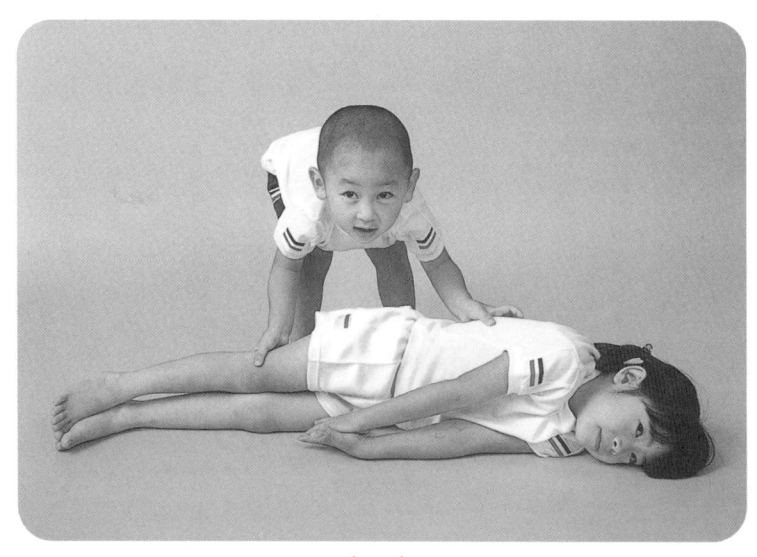

ゴロゴロ

Lesson 2

大きな木に変身した子どもは　そのまま木の役です
木をころがした子どもは　キツツキに変身します

高音部の音で　キツツキ役の子どもは木の高い所をつつきます
低音部の音で　キツツキ役の子どもは木の低い所をつつきます

高い所のキツツキ　　　　　　　　　　　低い所のキツツキ

役割を交代しましょう

プラスアルファdeより楽しく

音の高低を聴き分けにくい場合は？

- ピアノの高音部と低音部の音は、かなり離れたところの音を使いましょう。
  からだの姿勢の高い低いと、音の高い低いを結びつけて弾きましょう。

- だんだん高く、だんだん低くなど、音程を少しずつ変えてあげると、
  音の高さを聴き分けることの手がかりにもなります。

10月 5歳児クラスのレッスン

Lesson 1

2人〜6人くらいのグループで いろいろな形の木を作って発表し合いましょう

- とても太い木
- とても細い木
- 高い木
- 低い木
- こんがらがった木
- 自分たちで考えた木

子どもたちのアイディアでできた木を お互いに見合って どんな木に見えたかを発表し合いましょう

こんがらがった木

ますますこんがらがった木

Lesson 2

いろいろな形の木になったら　半分の人が
木の実を集める役になりましょう

高音域の音楽で　木から木の実を取ります
低音域の音楽で　地面から木の実を拾います

合図で役割を交代しましょう

Lesson 3

6〜8人くらいのグループになります
半分の人は　木になります
残りの人は　森の中の動物です
どんな動物がやってきて　どんな物語にするのか
みんなでお話をつくって　自由に展開していきましょう

プラスアルファdeより楽しく

年長さんになると、自分たちで役割をつくったり演じたりが可能になります。
グループみんなで話し合って、お話にしてみましょう。
出来上がったら発表し合って、どんな所がよかったか、おもしろかったかを確認します。
言葉で置き換えてあげると、次回に作品を作るときに、よりよいものをつくるきっかけになります。
先生は、子どもたちのよかったことを褒めてあげるようにして、批判は避けましょう。

11月

テーマ: 巧緻性を身につけよう

気温も少しずつ低くなり
昼間の時間がみるみる短くなっていきます
室内での活動も増えてきますので
いろいろなことを観察したり
組み立てたり　つくったりという
創造性を養うようなあそびを工夫して
子どもが不思議だと思う気持ち　考える力などを
生み出していくレッスンを　考えてみましょう!!

今月の目標

道具を上手に使いこなす　巧緻性を身につけよう

私たちは　何かのメッセージを受けとりそれに反応するために　いくつかの手段を持っています

目で見て判断する視覚　耳で聞く聴覚　においで感じる嗅覚　味わって感じる味覚

物に触れて判断する触覚で

これを五感と呼んでいます

♪

リトミックは　からだを動かすことによって育つ感覚を『第6番目の感覚』として

5つの感覚のほかにもう1つ　動きの感覚を育てようというものです

♪

この『第6番目の感覚』を育てるためには

自分から積極的に音楽を聴く力

動きのバランス感覚

タイミングを身につける力…に加えて

友達と上手にかかわる協調性が必要です

♪

子どもも先生もドキドキしながら興味を持って参加できるような

魅力的な　スリリングなレッスンを　考えていきましょう

11月 3・4・5歳児 みんなで遊ぼう！

やきいもグーチーパー
作詞：阪田 寛夫
作曲：山本 直純

やきいも やきいも おなかが グー
ほかほか ほかほか あちちの チー
たべたら なくなる
なんにも パー それ やきいも まとめて グー チー パー

曲のポイント スキップのリズムの、うきうきした気分になれる曲です。

遊び方

自由体形

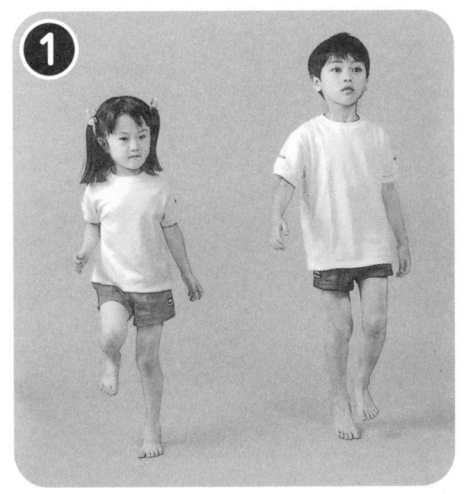

①

♪やきいも　やきいも　おなかが
好きな所にスキップ

②

♪グー
からだで「グー」のポーズ

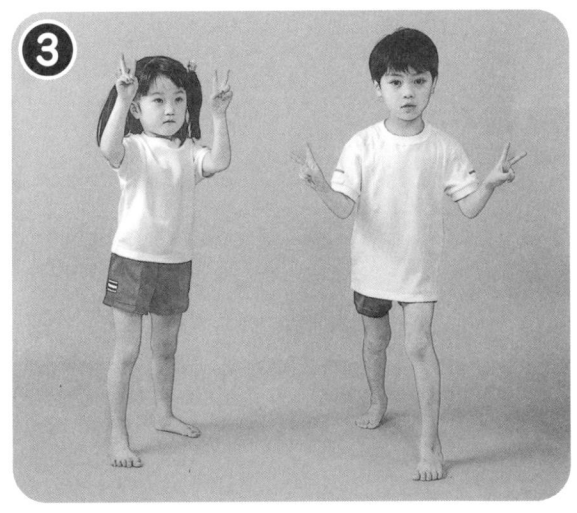

③

♪ほかほか　ほかほか　あちちの　チー
好きな所にスキップし　「チー」で「チョキ」のポーズ

④

♪たべたら　なくなる　なんにも　パー
好きな所にスキップし　「パー」で「パー」のポーズ

⑤

♪それ　やきいも　まとめて
その場で回りながらスキップ

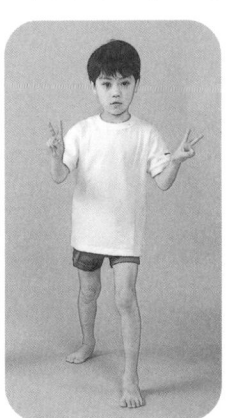

⑥

♪グー　　　♪チー　　　♪パー
からだで「グー　チョキ　パー」のポーズ

77

11月 3歳児クラスのレッスン

Lesson 1

１人１つずつ　ボールを持ってハンドルにします
音楽が聞こえてきたら　運転手になって好きな所にかけあし
音楽が止まったら　すぐにストップです

かけあし

ストップ

後ろを見ながら　バックしてみましょう

バック

足にはさんで　跳んでみましょう

ピョン　ピョン

Lesson 2

ボールをころがす音楽で　手からボールが離れないようにころがします

ゴロゴロ

高音部の合図の音で　すぐにボールを頭の上にのせます

頭！

低音部の合図の音で　すぐにボールの上に座ります

ヨイショ！

音をきき分けて　動きましょう

11月 4歳児クラスのレッスン

Lesson 1

1人1つずつのボール
高音部の合図の音で　すぐにボールを頭の上にのせます

頭！

低音部の合図の音で　すぐにボールをおへそにつけます

おへそ！

ボールを持って座ります
ボールをころがす音楽で　自分のまわりの床の上をボールが離れないようにころがします

床の上をゴロゴロ！

高音部の合図の音で　すぐにボールを頭の上にのせます
低音部の合図の音で　すぐにボールをおへそにつけます

音をきき分けて動きましょう
床の上だけでなく　おへそのまわりや首のまわりでも　ボールを回してみましょう

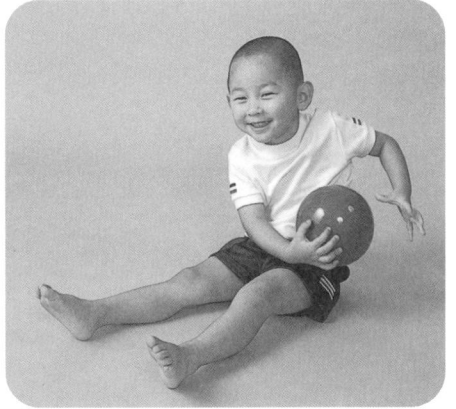

　　　　　　　　　　　おへそのまわり 　　　　　　　　　　　　　　　首のまわり

Lesson 2

『あげてとって』の音楽に合わせて　ボールを投げてみましょう

　　　あげて 　　　　　　　とって

「とって」のところで音楽に合わせるように指導しましょう

プラスアルファdeより楽しく

上手にボールを使うには？

- ボールを使っていろいろな方法であそぶことによって、子どもはボールのいろいろな使い方を身につけていきます。
　ころがしたり、持ち替えたりと、いろいろ工夫してあそんでみてください。
- ひじやひざなどの、からだの関節をうまく使えない子どもは、力が入りすぎて、ボールがうまく使えません。
　あそびながら、曲げ伸ばしの運動や、関節の役目に気づかせてあげましょう。

11月 5歳児クラスのレッスン

Lesson 1

円体形で座ります
『まわせまわせ』の音楽に合わせて　隣の人にボールをパスします
「とまるかな」でボールを手にした人が　みんなのまわりをかけあしで一周します

まわせ……

かけあし

かけあしだけでなく
　足にボールをはさんで跳んで
　動物になって…
など　工夫しましょう

まわせまわせ

作詞・作曲：石丸由理

リズムにのって

まわせ　まわせ　よ　どん　どん　まわせ

だれ　の　と　ころ　に　と　まる　か　な

Lesson 2

『ついてとって』の音楽に合わせて　ボールをつきましょう

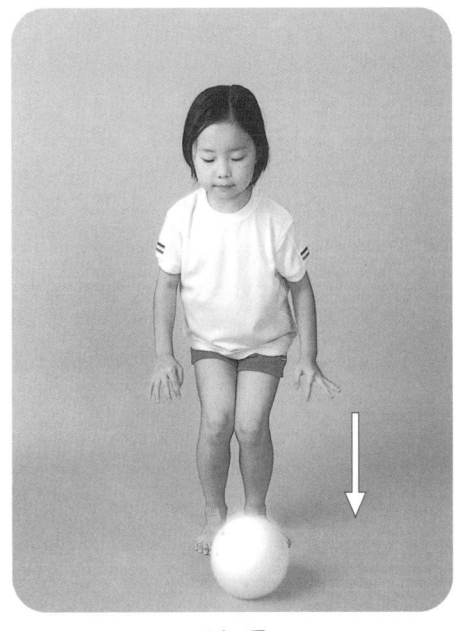

ついて 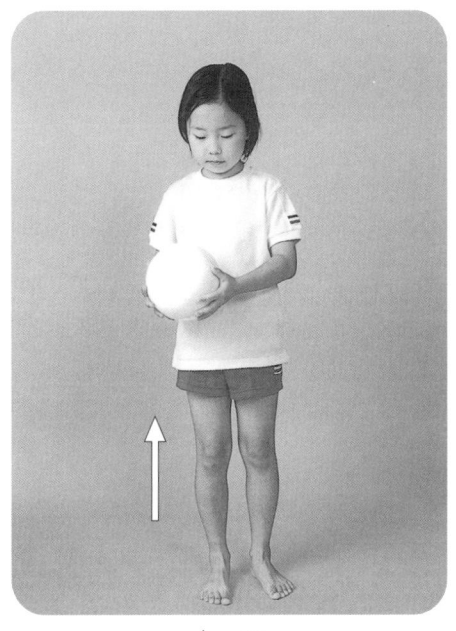　　　　　　　　　　　　　とって

「ついて」のところで　音楽に合わせるように指導しましょう

1人でできるようになったら　2人組の『ついてとって』に挑戦しましょう

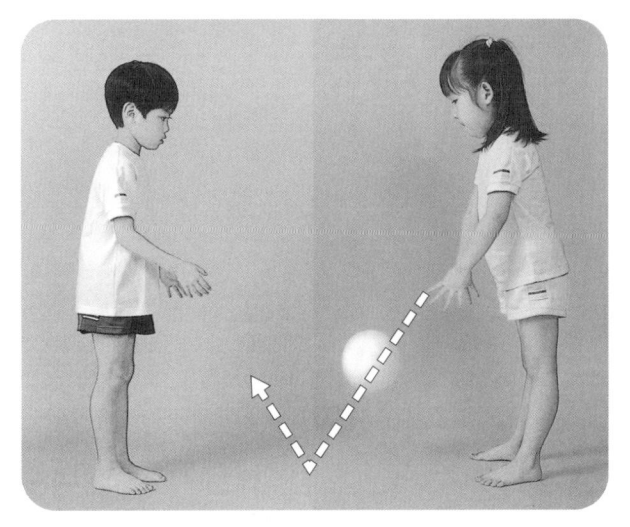

ついて 　　　　　　　　　　　　　とって

12月

テーマ: タイミングを身につけよう

街のあちこちで
クリスマスの飾りを目にします
子どもたちもプレゼントが楽しみな毎日になってきます
クリスマスの後には冬休み
そしてお正月
いろいろな行事が次々に訪れます

リトミックでもクリスマスの歌を使って
いろいろなあそびにチャレンジしましょう!!

今月の目標

音楽に合わせて動く　タイミングを身につけよう

私たちのどんな動きにも　必ず準備が必要です
音楽に合わせて動くためにも　準備の動きがあります
例えば　歩くことと音楽を合わせるには　前もって足を上にあげるという準備が必要です
そして足が地面についたときと音楽を合わせます
この動きは　普段は無意識に行なっていますが
いつも音が始まる前に行ないますので
前もっての準備の動きになります

♪

リズムに遅れている子どもに　リズムに動きが合っていないとか　遅いとか言いますが
実は準備が遅いから　遅れてしまうことが多いのです

♪

自然に音楽に合わせるようになるまでは
準備の大切さを教えてあげましょう

12月 3・4・5歳児 みんなで遊ぼう！

赤鼻のトナカイ

RUDOLPH THE RED-NOSED REINDEER（赤鼻のトナカイ）
Words & Music by Johnny Marks　日本語詞：新田宣夫
© Copyright 1949 by ST. NICHOLAS MUSIC, INC., New York, N.Y., U.S.A.
Rights for Japan controlled by Shinko Music Publishing Co., Ltd., Tokyo
Authorized for sale in Japan only

まっかなおはなの　トナカイさんは
でもそのとしの　クリスマスのひ

いつもみんなの　わーらいもの
サンタのおじさん　いーいました

くらいよみちは　ピカピカの　おまえの
はなが　やくにたつのさー　いつもないてた
トナカイさんは　こよいこそはと　よろこびました

遊び方　2人組み

①
♪まっかな
♪いつも
♪でもそ
♪サンタの

②
♪おは
♪みん
♪のと
♪おじ

③
♪なの
♪なの
♪しの
♪さん

④
♪ー
♪ー
♪ー
♪ー

2人で手合わせ

⑤
♪トナカイさんは
♪わらいもの
♪クリスマスのひ
♪いいまし

両手をつないでかけあし

⑥

⑦
♪た
ジャンケンポン

歌に合わせて①〜⑤の動きをくりかえした後
「た」でジャンケンをします（⑥⑦）

⑧ ♪くらい　よみちは　ピカピカの
♪おまえの　はなが　やくに　たつのさ
ジャンケンに勝った人がサンタクロース
ジャンケンに負けた人がトナカイになります

⑨ ♪いつも　ないてた　トナカイさんは
♪こよいこそはと　よろこびました
①〜⑤の動き

12月 3歳児クラスのレッスン

Lesson 1

鈴（またはタンブリン）　1人1つずつ

先生の合図で　トナカイさんが遠くから来るように
だんだん大きく鈴を鳴らす練習をしましょう

少しずつ遠くに行くように
だんだん小さく鳴らす練習をしましょう

「グー・パー」をしながら　リズムに合わせて鈴を鳴らしましょう

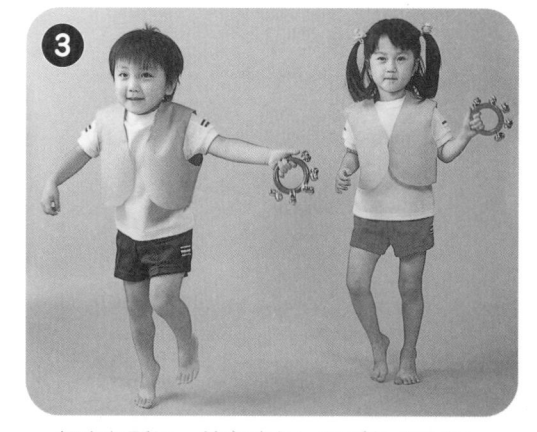

① グー

② パー

③ 好きな所に　鈴を鳴らしながらかけあし

①②③の動きで
『ジングルベル』の曲に合わせて合奏しましょう

ジングルベル

作詞：宮沢　章二
作曲：ピアポント

はしれそりよ　かぜのように　ゆきのなかを　かるくはやく　わらいごえを　ゆきにまけば　あかるいひかりの　はなになるよ

ジングルベル　ジングルベル　すずが なる　すずの リズムに ひかりのわがま うー

ジングルベル　ジングルベル　すずが なる　もりに はやしに ひびきながら

12月 4歳児クラスのレッスン

Lesson 1

『サンタクロース』の歌に合わせて
みんなで自由に振りをつけましょう

（注）ここでは　1番と2番の歌詞を　つなぎ合わせて
　　　遊んでみました

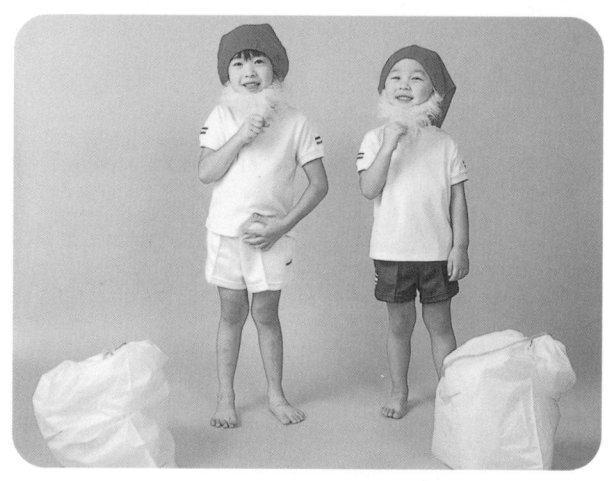

♪しーろい　おひげの
ひげをなでる

♪サンタクロース
自分をアピールする

♪サンタクロース

♪おおきなふくろを
荷物をしょう動作

♪おもそにしょって
左右にゆれる

自分たちでつくった動きを発表し合いましょう

クラスで動きを決めて
追いかけっこの動き（カノン）であそんでみましょう

♪ **どこへ　いくの**
ゆっくり歩き回る

サンタクロース

作詞：水田　詩仙
フランス曲

あ ー か い　き も の の
し ー ろ い　お ひ げ の
サン タク ロース　サン タク ロース　おおきなふくろを
サン タク ロース　サン タク ロース　おみやげいっぱい
お も そ に しょって　ど こ へ　い く の
い い こ に あげ よう　うん とこ しょ　どっ こい しょ

12月 5歳児クラスのレッスン

Lesson 1

鈴
太鼓
カスタネット
タンブリン 　の4つのグループになります

リズム打ちの練習をしましょう

♩　♩　♩　𝄽

スキップしていて　リズムが聞こえてきたらリズム打ちです

♩　♩　♩　𝄽

　　リン　　　リン　　　リン················鈴
　　ドン　　　ドン　　　ドン················太鼓
　　チャ　　　チャ　　　チャ················カスタネット
　　シャラ　　ラン　　　ラン················タンブリン

『あわてんぼうのサンタクロース』の曲に合わせて合奏しましょう

あわてんぼうのサンタクロース

作詞：吉岡　治
作曲：小林　亜星

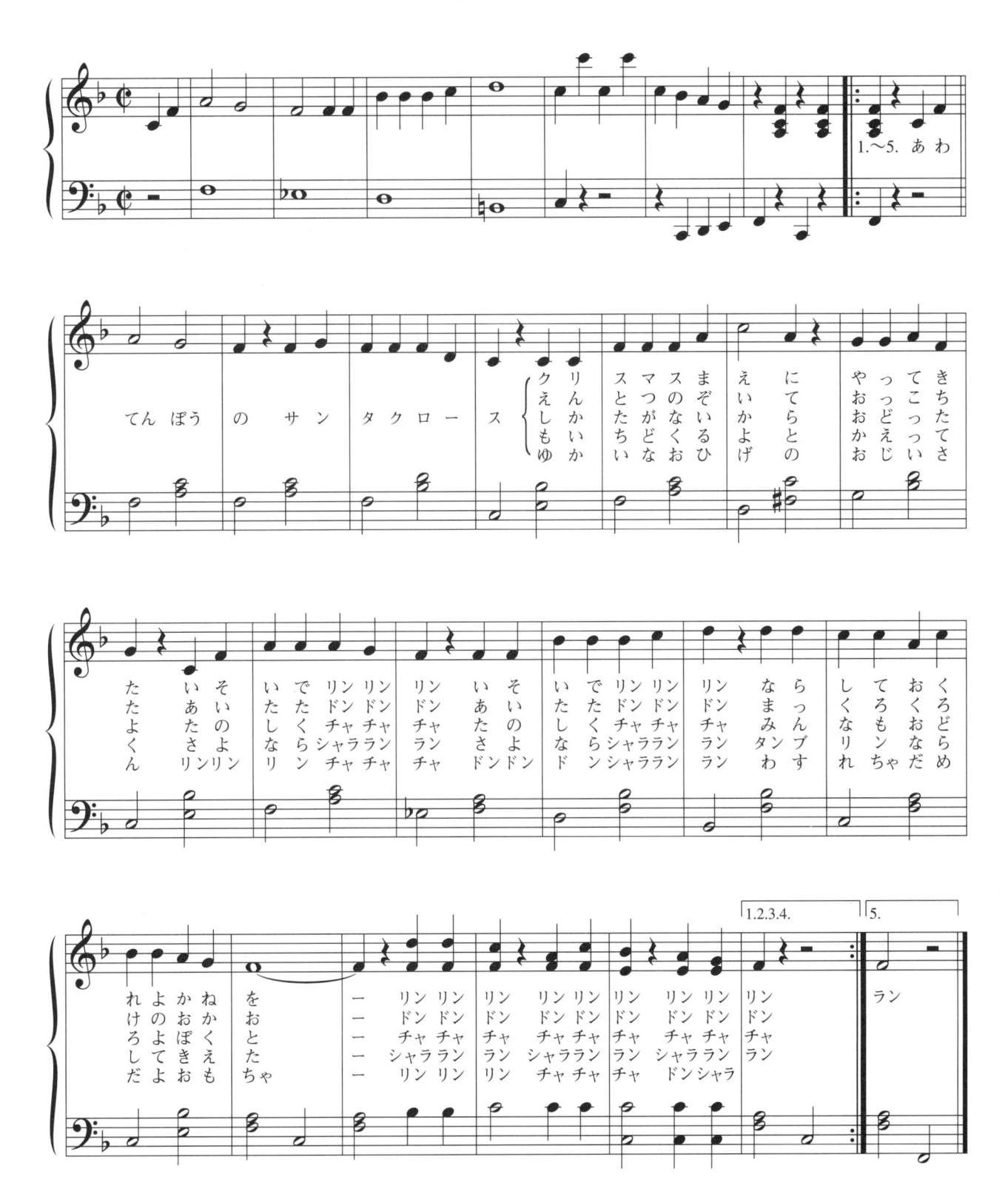

3歳児クラス リトミックを生かした発表会　カレーライス大好き！ 3学期

4月からみんなでやってきたリトミックを生かして
クラスのみんなが主役の発表会を開きましょう

題材に　みんなの大好きなカレーライスを選びました
さあ　どんな野菜が登場するでしょうか…

発表会まで　クラスで練習するときは
はじめから役割を決めないで　どの役でもできるように
練習しましょう

全体の流れ

『小さな畑』の歌で、3つのグループが発表
- 1番　小さな種
- 2番　中くらいの種
- 3番　大きな種

↓

全員が席に着席

『やおやのお店』の曲で
- 1番　ニンジンが登場
- 2番　タマネギが登場
- 3番　ジャガイモが登場

↓

全員がそろった所で

『カレーライスの歌』

ステージ・配置

小さな種（ニンジン）の席（イス）

中くらいの種（タマネギ）の席（イス）

大きな種（ジャガイモ）の席（イス）

ピアノ　先生

（客席）

○各々の席（イス）の下に　お面を用意する
○ナレーションは先生が担当

用意するもの　ニンジン・タマネギ・ジャガイモのお面

作り方

①下の型紙を、白ボール紙または画用紙に200％で拡大コピーします。
②色を塗り、切り抜きます。
　画用紙のときは、ボール紙にはるとしっかりします。
③白ボール紙または画用紙で、お面のベルトを作ります（下図参照）。
④ベルトに、②のニンジン・タマネギ・ジャガイモをはりつけます。

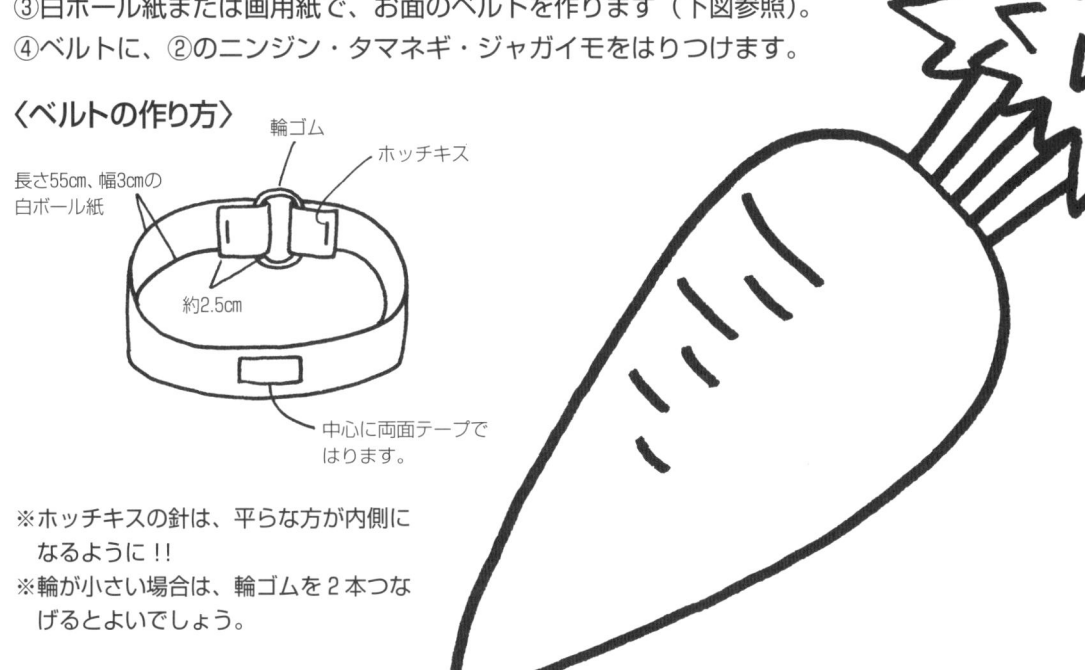

〈ベルトの作り方〉

- 長さ55cm、幅3cmの白ボール紙
- 輪ゴム
- ホッチキス
- 約2.5cm
- 中心に両面テープではります。

※ホッチキスの針は、平らな方が内側になるように！！
※輪が小さい場合は、輪ゴムを2本つなげるとよいでしょう。

| 発表会の台本 | カレーライス大好き！ |

始める前に	・クラスの子どもたちを　小さな種・中くらいの種・大きな種の3つグループに分けます
クラス全員	音楽に合わせて全員が登場 好きな所に小さくなって座る

『小さな畑』
作詞者不詳
アメリカ民謡

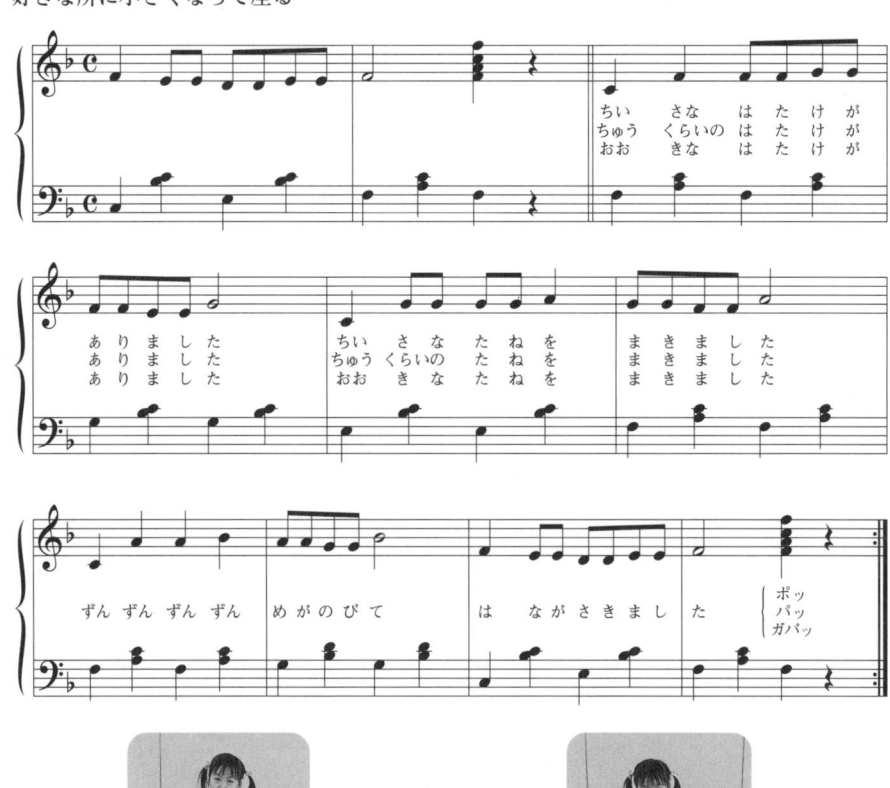

歌詞：
ちいさな　はたけが
ちゅう　くらいの　はたけが
おおきな　はたけが
ありました
ちいさな　たねを　まきました
ちゅうくらいの　たねを　まきました
おおきな　たねを　まきました
ずんずんずんずん　めがのびて　はながさきました
ポッ　パッ　ガバッ

♪ちいさなはたけがありました
（畑の大きさをかく）
（2番3番は大きさに合わせて）

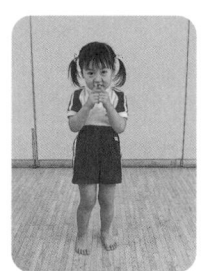

♪ちいさなたねをまきました
（種をまく）

♪ずんずんずんずんめがのびて
はながさきました
（下から少しずつ大きくなりつぼみを作る）

♪ポッ　　♪パッ　　♪ガバッ
　　　　（花が開く）

96

リトミック
　　　1番　小さな種の子ども　　　　　歌と動き（歌終わりで小さなお花のまま）
　　　2番　中くらいの種の子ども　　　歌と動き（歌終わりで中くらいのお花のまま）
　　　3番　大きな種の子ども　　　　　歌と動き（歌終わりで大きなお花のまま）

歌終わりで　小さな・中くらいな・大きな花になっています
ゆれる音楽が聞こえてきたら　そのままゆれます

ナレーション	畑にまかれた種から　かわいい芽が出て　素敵なお花が咲きました 秋になって 小さな畑からはニンジンが 中くらいの畑からはタマネギが 大きな畑からはジャガイモがとれました ナレーションの間に　全員ゆれながら　ステージの左右にある席に座る ＢＧＭに『小さな畑』のメロディーを流す 小さな畑の子どもは　ニンジンに 中くらいの畑の子どもは　タマネギに 大きな畑の子どもは　ジャガイモになります
ナレーション	ニンジンさーん　出てきてください
ニンジン役の子ども	はーい

リトミック
　　ニンジン役の子ども　忍者の手をして　ニンニンとジャンプしながら登場
　　みんながステージに集まったら　2人組で音楽（『にんじんのはたけ』）に合わせて
　　手合わせをします（奇数の場合は3人組で）
　　歌終わりで　その場に座ります

『にんじんのはたけ』
　作詞：石丸　由理
　　　　フランス曲
※メロディーは、『やおやのお店』と同じです。

（歌詞）
ちいさなはたけの　ニンニンにんじん
おいしくおいしく　できました　ニンニンニンニン　にんじん

97

	ナレーション	タマネギさーん　出てきてください
	タマネギ役の子ども	はーい

リトミック
　　タマネギ役の子ども　両手で頭の上に三角を作ってクルクル回りながら登場
　　みんながステージに集まったら　2人組で音楽（『たまねぎのはたけ』）に合わせて
　　手をつないで左右に手を振ります（奇数の所は3人組）
　　歌終わりで　その場に座ります

『たまねぎのはたけ』
作詞：石丸　由理
フランス曲
※メロディーは、『やおやのお店』と同じです。

（歌詞）ちゅうくらいのはたけの　クルクルたまねぎ
　　　　おいしくおいしく　できました　クルクルクルクル　たーまねぎ

	ナレーション	ジャガイモさーん　出てきてください
	ジャガイモ役の子ども	はーい

リトミック
　　ジャガイモ役の子ども　ゴロゴロころがりながら登場
　　みんながステージに集まったら　2人組で音楽（『じゃがいものはたけ』）に合わせて
　　両手をつないで　ぎったんばっこんをします（奇数の所は3人組）

『じゃがいものはたけ』
作詞：石丸　由理
フランス曲
※メロディーは、『やおやのお店』と同じです。

（歌詞）おおきなはたけの　ゴロゴロじゃがいも
　　　　おいしくおいしく　できました　ゴロゴロゴロゴロ　じゃがいも

ナレーション	こんなにたくさん　おいしそうな野菜がとれたので 今日はカレーライスパーティーにしましょう！
子ども全員	はーい

リトミック

　『カレーライスの歌』をうたいながら　自分の野菜の所で野菜のポーズ
　「豚肉」で　みんなで丸くなりそのまま手をつないで回り　曲終わりでポーズ！

『カレーライスの歌』
作詞：ともろぎゆきお
作曲：峯　陽

♪にんじん
（ニンジン役の子ども立ってポーズ）

♪たまねぎ
（タマネギ役の子ども）

♪じゃがいも
（ジャガイモ役の子ども）

♪ぶたにく
（みんなで円くなる）

♪なべでいためて
（みんなで回る）

♪ぐつぐつにましょう
（好きな所に行って）

（ポーズ！）

3びきのこぶた

4歳児クラス リトミックを生かした発表会　**3学期**

『3びきのこぶた』のお話を使って
リトミックの発表会を開きましょう

リトミックでできる要素をつなぎ合わせて
お話を進めていきましょう

みんながいろいろな役割を分担して
新しいお話につくりあげてください

全体の流れ

オープニング
↓
『おおかみなんかこわくない』
歌と踊り

子ブタたち（Aグループ）
↓
2人組の活動

子ブタたち（Bグループ）
↓
楽器を使って

子ブタたち（Cグループ）
↓
ボディーパーカッション

エンディング

『おおかみなんかこわくない』
歌と踊り

ステージ・配置

お母さんの席（イス）	（Cグループ）レンガの家の子どもたちの席（イス）	オオカミの席（イス）
（Bグループ）木の家の子どもたちの席（イス）		（Aグループ）わらの家の子どもたちの席（イス）

ピアノ　先生

（客席）

○ナレーションは先生が担当

用意するもの

子ブタA：お面・スズランテープのわらの束
子ブタB：お面・段ボールの胴巻・タンブリン・鈴
子ブタC：レンガつきお面
○各々イスの下に用意しておく

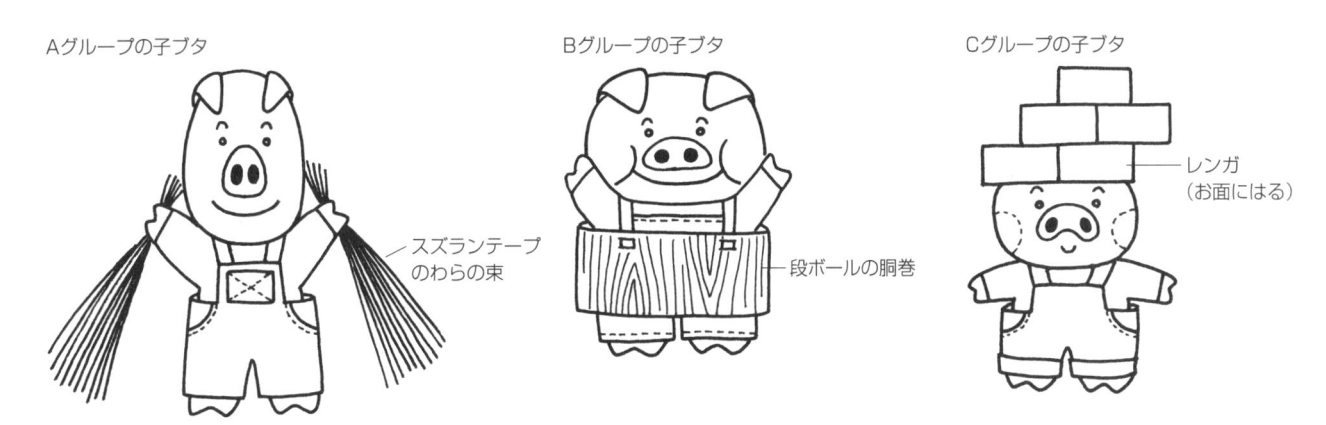

Aグループの子ブタ　　　　Bグループの子ブタ　　　　Cグループの子ブタ

スズランテープのわらの束
段ボールの胴巻
レンガ（お面にはる）

※子ブタの体はイメージです。
※お面は、子どもたちの顔が見えるものにします。

作り方

〈わらの家をイメージする、わらの束〉

スズランテープ
70cm

140cmのスズランテープを5本束ねて半分に折り、10cmくらいの所で結びます。スズランテープ1本を4本に裂いて細くします。

〈レンガの家をイメージする、レンガ〉

白ボール紙にレンガ色の紙をはる。
5cm
20cm
白ビニールテープを細く切って、まわりをふちどる。

〈木の家をイメージする、木の胴巻〉

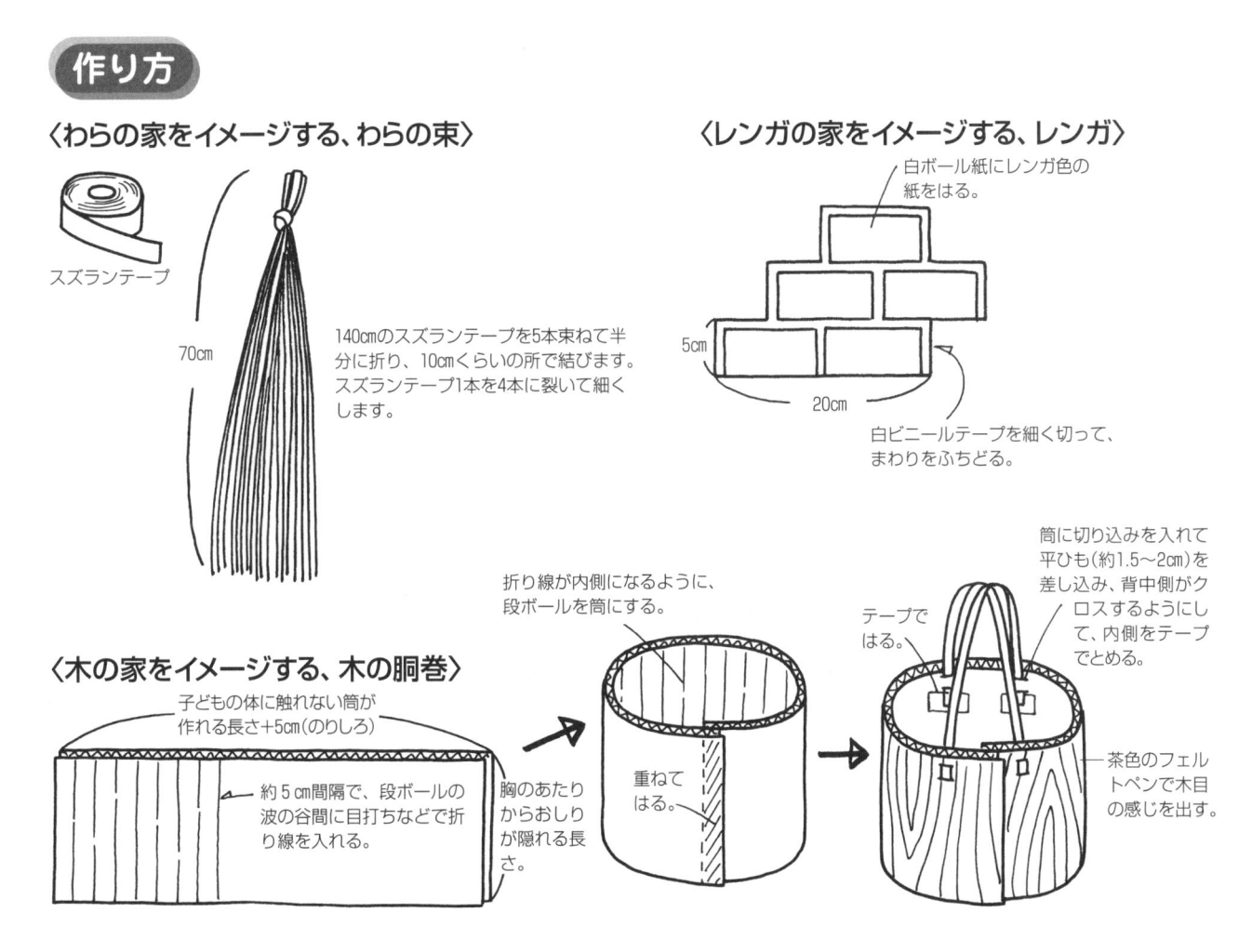

子どもの体に触れない筒が作れる長さ+5cm（のりしろ）

約5cm間隔で、段ボールの波の谷間に目打ちなどで折り線を入れる。

胸のあたりからおしりが隠れる長さ。

折り線が内側になるように、段ボールを筒にする。

重ねてはる。

テープではる。

筒に切り込みを入れて平ひも（約1.5～2cm）を差し込み、背中側がクロスするようにして、内側をテープでとめる。

茶色のフェルトペンで木目の感じを出す。

〈子ブタのお面〉

①型紙を画用紙にコピーします（うすいピンクの色画用紙でもよい）。
②切り抜いて、お面のベルトにはります（95ページ参照）。

※目の部分は、黒と白の丸シールにしてもよいでしょう。

Aグループの子ブタ（原寸）

Bグループの子ブタ（約140％に拡大）

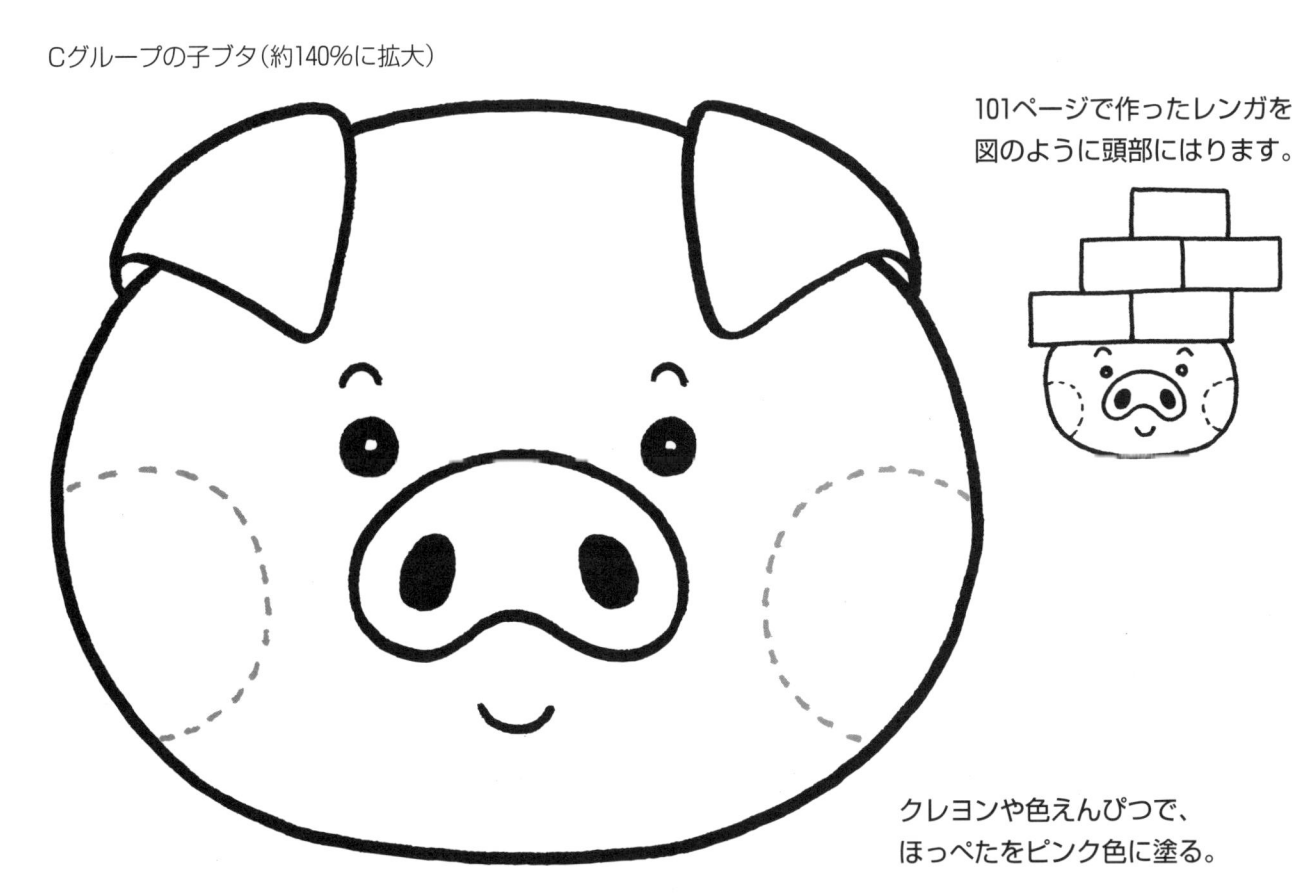

Cグループの子ブタ（約140％に拡大）

101ページで作ったレンガを図のように頭部にはります。

クレヨンや色えんぴつで、ほっぺたをピンク色に塗る。

103

発表会の台本　3びきのこぶた

子どもたち全員

『おおかみなんかこわくない』
(WHO'S AFRAID OF THE BIG BAD WOLF?)
作詞：Ann Ronell
作曲：Frank E.Churchill
日本語詞：不詳

© 1933 by BOURNE CO.
All rights reserved. Used by Permission
Authorized to NICHION, INC. for sale only in Japan.

ＡＢＣの３人組で『おおかみなんかこわくない』の歌と踊りから始まります

（楽譜：歌詞）
オオカミなんか　こわくない　こわくないったら　こわくない
オオカミなんか　こわくない　い　さん
びきこぶた　きょうだいこぶた　レンガのおうちーでなか
よくなって　さんびきこぶた　きょうだいぶた　お
うたを　うたって　げんきをだそう　オオカミなんか　こわくない
こわくないったら　こわくない　オオカミなんか　こわくない

♪おおかみなんかこわくない
　こわくないったら　こわくない
（Ａ子ブタスキップ／ＢＣ子ブタ手合わせ）

♪おおかみなんかこわくない
　こわくない
（Ｃ子ブタスキップ／ＡＢ子ブタ手合わせ）

♪さんびきこぶた　きょうだいこぶた　　♪レンガのおうちでなかよくなって
（前へ４歩出てから左右に２回ゆれる組／左右に２回ゆれてから前へ４歩出る組に分かれる）

歌終わりで各々の席につきます
各々のセリフは　その場で（イスから立ち上がって）役割の子どもたち全員で

ナレーション	むかしむかし　ある所に お母さんと子ブタたちが住んでいました ある日　お母さんブタは子ブタたちに言いました
お母さん	おまえたち　もう大きくなったのだから 自分たちで家を建ててごらん
ナレーション	子ブタたちは元気よく「はーい」と返事をして 家を建てることにしました
お母さん	怖いオオカミには　気をつけるのですよ
オオカミ	ガオー　おいらはオオカミだぞー！ おや　あそこにおいしそうな元気な子ブタたちがいるぞー！
Aグループの子ブタたち	オオカミなんかに壊されない　わらの家を建てよう！
Bグループの子ブタたち	オオカミなんかに壊されない　木の家を建てよう！
Cグループの子ブタたち	オオカミなんかに壊されない　レンガの家を建てよう！
みんな	オオカミなんか　怖くないぞ、オー！

『おおかみなんかこわくない』のはじめの8小節をうたいます

ナレーション	さてさて　子ブタたちは　それぞれの家を建て始めました
Aグループの子ブタたち	さあ　わらの家を建てるぞーー！

リトミック
　　Ａグループの子ブタたちのリトミック
　　　スキップで登場

　　手合わせの音楽で　２人組になり　曲終わりでジャンケンをします
　　　勝った人は　わらの家を作る人
　　　負けた人は　わらになります
　　音楽（『わらのうち』）に合わせて　家を作る人は　わらの人をころがします

　　合図で役割を交代

『わらのうち』
作詞：石丸　由理
デンマーク曲

※メロディーは、『いとまき』と同じです。

わらになった子どもたち　まん中に集まってきて
音楽（『だんだん大きく』）に合わせてだんだん大きくなり
みんなでわらの家になります

『だんだん大きく』
石丸 由理・作

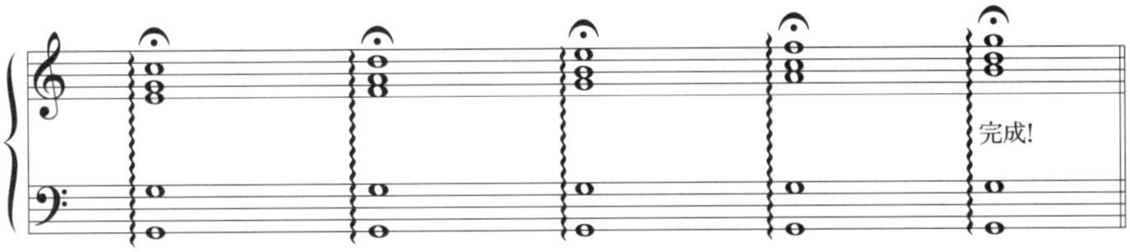

完成！ という合図で ばんざいをします
その場に座ります

ナレーション　どうやら　わらの家ができたようです
　　　　　　　それを見ていたオオカミは…

オオカミ　あんなわらの家なんか　ひとふきでバラバラさ！！

Bグループの子ブタたち　さあ　ぼくたちは　木の家を建てるぞーー！

リトミック
　　Bグループの子ブタたちのリトミック
　　　スキップで楽器（タンブリン＋鈴）を持って登場

　　楽器をハンドルにして運転手
　　　　ストップ
　　　　後ろにバック

　　楽器のリズム
　　　　タンブリンのリズム　♩ 𝄽 ♩ 𝄽　（パで両手を開く）
　　　　　　　　　　　　　トン　パ　トン　パ

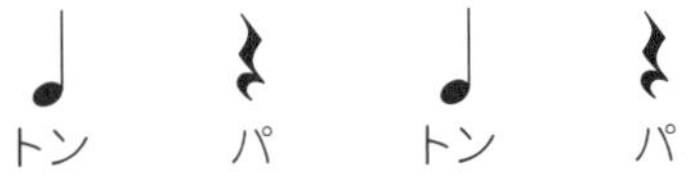

　　　　鈴のリズム　𝄽 ♫ 𝄽 ♫
　　　　　　　　　パ　シャンシャン　パ　シャンシャン

♩　𝄽　　　　　𝄽　♫
トン　パ　　　　パ　シャンシャン

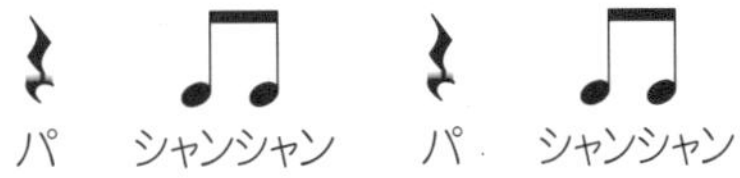

音楽（『木のうち』）に合わせて　合奏
　　合奏をしながら家の形に移動して
　　曲終わりで家になります

その場に座ります

『木のうち』
作詞：石丸　由理
デンマーク曲

おうちを たてよう
おうちを たてよう かっこいい きのおうち
おうちを たてよう おうちを たてよう かっこいい きのおうち
できた できた すてきな きのおうち

曲終わりで家になって座ります

ナレーション	どうやら　木の家もできたようです それを見ていたオオカミは…
オオカミ	あんな木の家なんか　ひとふきでバラバラさ！！
Cグループの子ブタたち	さあ　レンガの家を建てるぞーー！

リトミック

　Cグループの子ブタたちのリトミック
　（Cの子ブタたちを　3つのグループに分けます）
　スキップで登場

1、2、3のグループのリズムとユニゾンのリズムを練習します
上手にできるようになったら　ボディーパーカッション（『レンガの家』）を
演奏順序に従って演奏します

曲終わりで家になります

その場に座ります

ボディーパーカッション 『レンガの家』 石丸　由理・作	Aグループ	拍手／ひざたたき
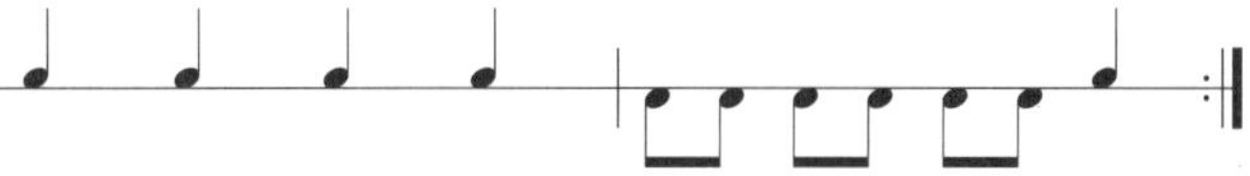	Bグループ	拍手／足ぶみ
	Cグループ	拍手／ひざたたき
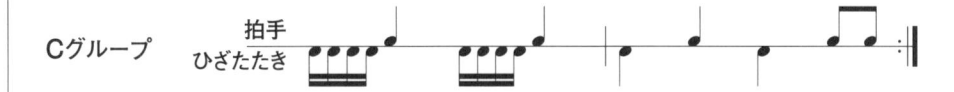	ユニゾン	拍手／足ぶみ（ジャンプ／オー!）
	演奏順番	（くりかえし4小節で1セット） 1　1 2　1 2 3　ユニゾン　　2　2 3　2 3 1　ユニゾン　　3　3 1　3 1 2　ユニゾン
ナレーション		みんなのおうちが出来上がりましたよ でも出来上がったら　みんなおなかがすいてしまったようです みんなでやきいもを食べて　元気を出しましょう！

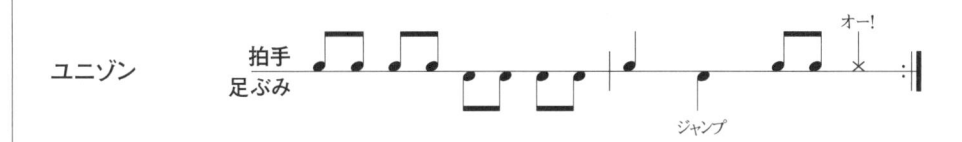

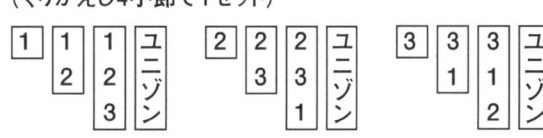

『やきいもグーチーパー』
作詞：阪田　寛夫
作曲：山本　直純

やきいも やきいも おなかが グー
ほかほか ほかほか あちちの チー
たべたらなくなる
なんにもパー それ やきいも まとめて グーチーパー

（動きは77ページ参照）

ナレーション	おなかのすいたオオカミは　わらのおうちの前までやって来ました
オオカミ	こんなわらの家なんか　吹き飛ばしてしまえ！　ふーーーー
ナレーション	わらのおうちはオオカミに吹き飛ばされてしまいました 子ブタたちは　あわてて木の家に駆け込みました わらの家の子どもたち　木の家に駆け込みます
ナレーション	おなかのすいたオオカミは 今度は木のおうちの前までやって来ました
オオカミ	こんな木の家なんか　吹き飛ばしてしまえ！　ふーーーー
ナレーション	大変です　木のおうちもオオカミに吹き飛ばされてしまいました 子ブタたちは　あわててレンガの家に駆け込みました わら　木の家の子どもたち　レンガの家に駆け込みます
オオカミ	こんなレンガの家だって　吹き飛ばしてしまえ！　ふーーーー

ナレーション	ところが　レンガのおうちはびくともしません オオカミは　あんまりおなかがすいて とうとう倒れてしまいました
『おおかみなんかこわくない』	『おおかみなんかこわくない』の歌と踊りで幕

5歳児クラス リトミックを生かした発表会 おむすびころりん 3学期

みんなが知っているお話を生かして
クラスのみんなが主役のリトミックの発表会を開きましょう

お話は　日本の昔ばなし
『おむすびころりん』です

イメージがより膨らむように
前もって絵本や紙芝居で
お話のストーリーを聞きましょう

全体の流れ

オープニング

↓ 3つのグループで『かごめ』の歌をカノンでうたう

ネズミ2匹とおじいさんの3人組でのあそび

↓

3人組でもちつき

ステージ・配置

グループA ← おじいさんの帽子とベスト

ネズミのカチューシャ ← グループB　　グループC → ネズミのカチューシャ

（客席）

用意するもの
おじいさんの帽子とベスト・ネズミの耳のカチューシャ・ウッドブロック

作り方

〈おじいさんの帽子〉

①子どもの頭が入る大きさの紙袋の口部分を中へ折り込みます。

②底の部分をつぶします。

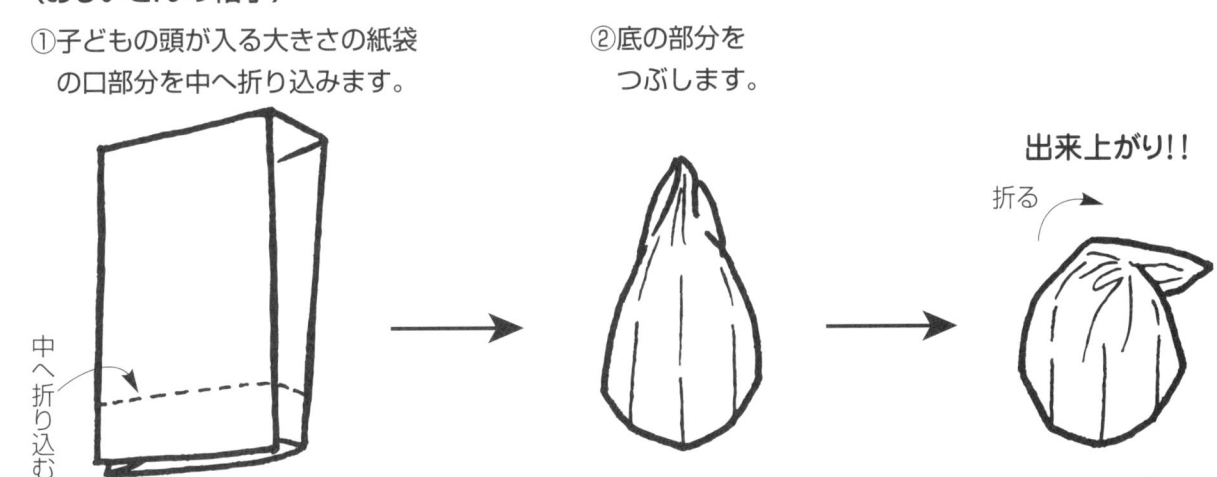

出来上がり!!
折る

〈おじいさんのベスト〉

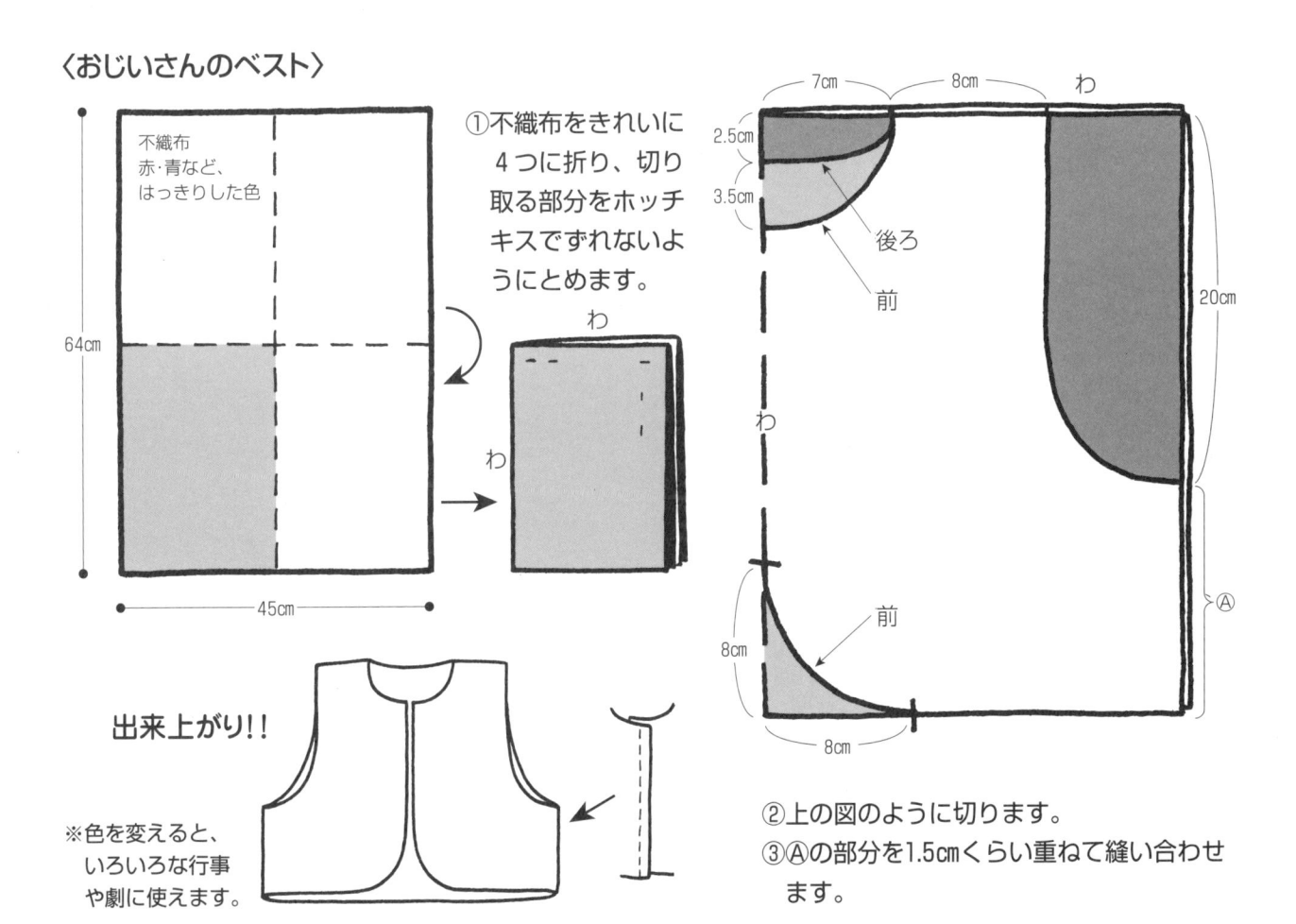

不織布 赤・青など、はっきりした色

64cm × 45cm

①不織布をきれいに4つに折り、切り取る部分をホッチキスでずれないようにとめます。

7cm　8cm　わ
2.5cm
3.5cm
後ろ
前
20cm
わ
8cm　前
8cm
Ⓐ

②上の図のように切ります。
③Ⓐの部分を1.5cmくらい重ねて縫い合わせます。

出来上がり!!

※色を変えると、いろいろな行事や劇に使えます。

〈ネズミの耳のカチューシャ〉

①耳の型紙を、水色の色画用紙にコピーして切ります。
②ピンクの色画用紙を耳の中央部の形に切り、片面にはります。
③切り込みを入れ、折り目をつけます。
④カチューシャの型紙を白ボール紙にコピーして切り抜き、同じ形に切った水色の色画用紙を片面にはります。
⑤ゴム穴をあけ、耳を差し込む切り込みを入れます。
⑥耳の斜線部分をカチューシャの切り込み部分に差し込んで、カチューシャの裏面にはります。
⑦ゴム穴から輪ゴムをつなげて、子どものあごの下に回る長さにします。

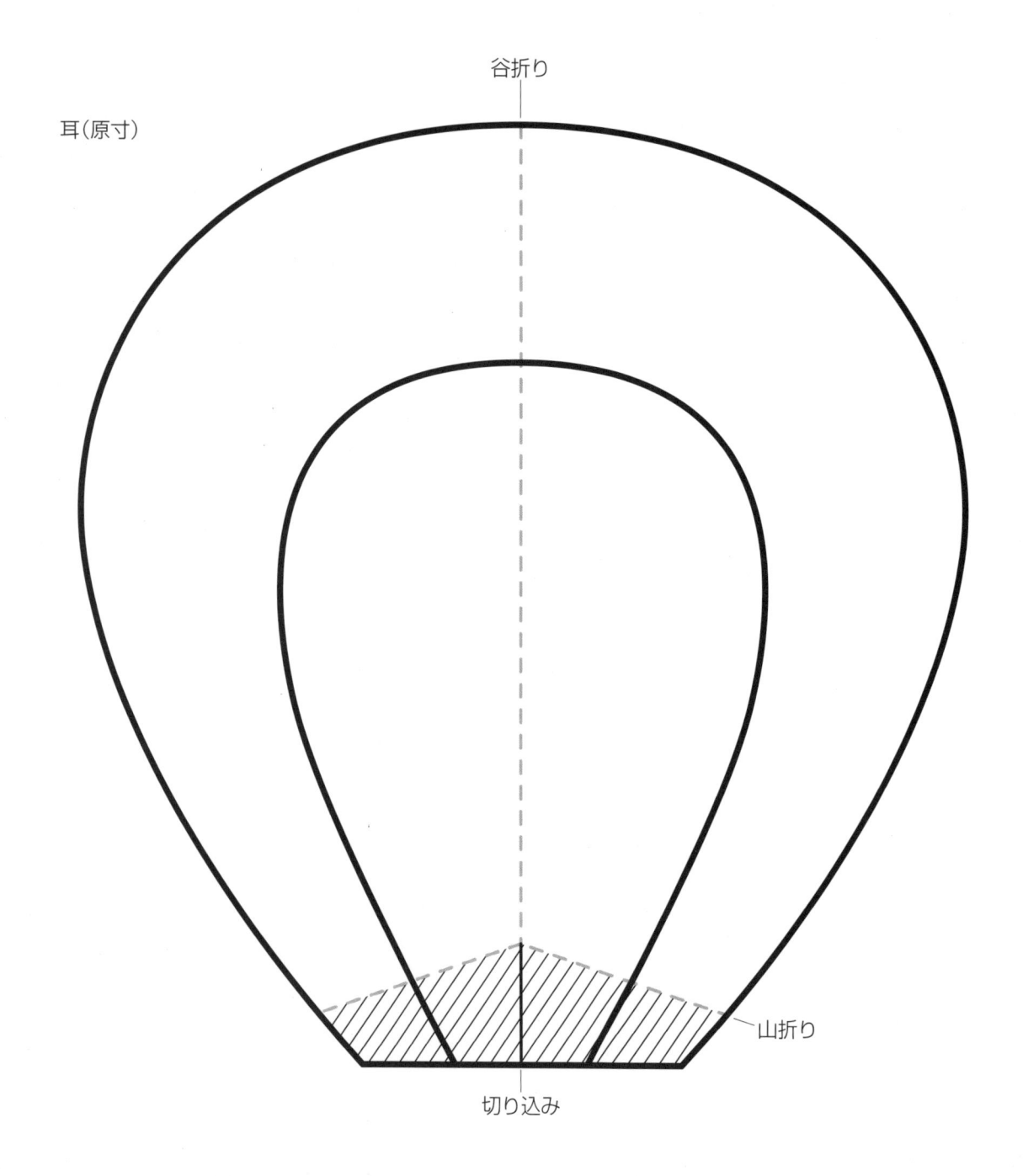

耳（原寸）
谷折り
山折り
切り込み

耳の表

カチューシャ 裏

カチューシャの切り込みに差して後ろ側へ折り、両面テープ（またはのり）ではります。
その上からセロハンテープ（または布テープ）で補強します。

カチューシャ（原寸）

ゴム穴

前

紙には方向性があり、曲がりやすい方向と曲がりにくい方向があります。カチューシャは、頭に沿って曲がりやすい方向で作りましょう。

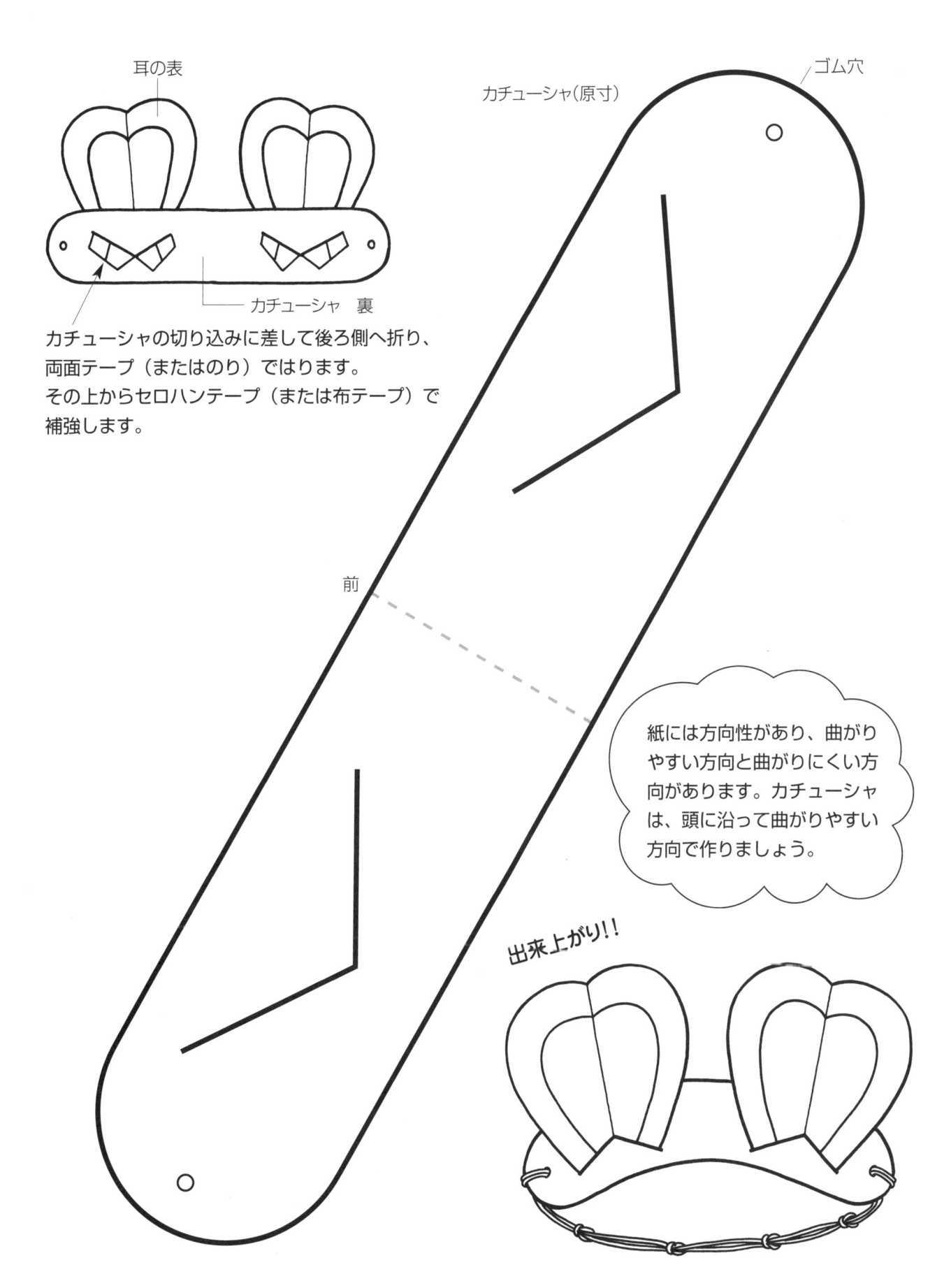

出来上がり!!

| 発表会の台本 | **おむすびころりん** |

子どもたち

3つのグループになって　円体形で座っている
グループAの子ども　『かごめかごめ』をうたいだす
グループB（2小節おくれ）　Cの子ども（さらに2小節おくれ）　カノンで参加

『かごめかごめ』
わらべうた

かごめかごめ
（みんなで手をつないで左回り）

かごのなかのとりーは　いついつでやーる
（右回り）　（その場で1人で回る）

よあけのばんに　つるとかめが
（円の中へ）　（円の外へ）

すべった　うしろのしょうめん　だーれ
（その場で1人で回る）　（座る）

かごめかごめ
（みんなで手をつないで左回り）

かごのなかのとりは
（右回り）

いついつでやる
（1人でその場で回る）

よあけのばんに
（円の中へ）

つるとかめがすべった
（円の外へ）

うしろのしょうめんだーれ?
（その場で1人で回り　座る）

ナレーション	むかしむかし　ある村におじいさんとおばあさんが住んでいました ある日　おじいさんは山に仕事に出かけました お昼になって　おじいさんがおむすびを食べようと重箱のふたを開けると　なんとおむすびがコロコロころがって　穴の中に落っこちてしまいました　すると…
グループA	おむすびころりん　すっとんとん（立ち上がって動作） （かいぐりかいぐり）　（3つ手をたたく）
グループB	おむすびころりん　すっとんとん（立ち上がって動作） （かいぐりかいぐり）　（3つ手をたたく）
グループC	おむすびころりん　すっとんとん（立ち上がって動作） （かいぐりかいぐり）　（3つ手をたたく）
ナレーション	かわいい歌が聞こえてきましたよ おじいさんは楽しくなってしまい　もう1つおむすびを 穴の中にころがしました　すると…
グループA	おむすびころりん　すっとんとん おむすびころりん　すっとんとん グループAの子ども　ゴロゴロころがる グループB、Cの子ども　かいぐりをして手を3つたたく
ナレーション	またまたかわいい歌が聞こえてきました おむすびを全部ころがしてしまったおじいさん 今度はおむすびの入っていた重箱もころがしてみました　すると…
グループB	じゅうばこころりん　すっとんとん じゅうばこころりん　すっとんとん グループBの子ども　ゴロゴロころがる グループA、Cの子ども　かいぐりをして手を3つたたく
ナレーション	何もころがすものがなくなってしまったおじいさん 「そうじゃ　私が穴の中にころがってみよう」すると…

グループC	おじいさんころりん　すっとんとん おじいさんころりん　すっとんとん <small>グループCの子ども　ゴロゴロころがる</small> <small>グループA、Bの子ども　かいぐりをして手を3つたたく</small>
ナレーション	穴にころがったおじいさん 目をあけてみると　そこにはかわいいネズミたちが集まって おじいさんを迎えてくれました

リトミック

　　全員でリトミック
　　　子どもたち　各グループの帽子とベスト・カチューシャをつけてスキップ

　　3人組（外の2人はネズミ　中の人がおじいさん）で『ゆれる』の曲でゆれる
　　手合わせの曲（『手合わせ』）が聞こえてきたら　ネズミは手合わせ
　　おじいさんは座る

『ゆれる』
作曲：石丸　由理

『手合わせ』
作曲：石丸　由理

『ウッドブロックのリズム』
石丸　由理・作

ウッドブロックのリズム　ネズミ役の人はすぐに座って２人で両手をつないでぎったんばっこん
おじいさん役の人は　ゆっくり歩きで　出かける

ウッドブロック
あるきのリズム

ナレーション　おやおや　みんなでもちつきが始まったようですよ

リトミック

３拍子の曲で　３人組の『もちつき』

ネズミ役の子ども　♩.　のリズムで手のひらを上にして上下に手をたたく

おじいさん役の子ども　♩♩♩　のリズムで手をたたく

自分 　　　　Ａネズミ 　　　　Ｂネズミ

ナレーション　つきたてのおもちをたくさんごちそうになったおじいさん
おみやげに＿＿＿＿＿をもらって
おばあさんの待っているおうちに帰っていきました

クラスのみんなで話し合って　おみやげを決めましょう

―著者紹介―
石丸由理（いしまる・ゆり）

国立音楽大学卒
ロンドン・ダルクローズ研究所にてダルクローズ・リトミック 国際免許取得
ニューヨーク大学大学院 修士課程修了

ユリ・リトミック教室主宰　http://www.yuri-rhythmic.com/
NHK教育テレビ小学校低学年音楽番組＜ワンツーどん＞＜まちかどドレミ＞＜ドレミノテレビ＞＜BSななみDEどーも！＞等の番組制作スタッフ
NHK学園講師　他

国際幼児教育学会　常任理事
日本音楽著作権協会　正会員

●著書
「うごきのための リトミック百科ピアノ曲集」（ひかりのくに）
「こどもと創るリトミック」CD付（ひかりのくに）
「みんなでやろうリトミック」（共著、ひかりのくに）　ほか多数

年齢別の基本レッスンから発表会まで
リトミック百科

2003年 3月　初版発行 ⓒ
2021年 2月　第14版発行

著　者　石丸由理
発行人　岡本　功
発行所　ひかりのくに株式会社
　〒543-0001　大阪市天王寺区上本町3-2-14　郵便振替00920-2-118855
　〒175-0082　東京都板橋区高島平6-1-1　郵便振替 00150-0-30666
　ホームページアドレス　https://www.hikarinokuni.co.jp
印刷所　株式会社熨斗秀興堂

Printed in Japan　　　　　　　　　　　　　　　ⓒ2003
JASRAC 出 0300547-014　　ISBN978-4-564-60244-3
　　　　　　　　　　　　　　NDC376 120p 26×21㎝